四部要籍選刊·史部　蔣鵬翔　主編

清金陵書局本

後漢書

三

〔南朝宋〕范曄　撰
〔唐〕李賢等注

浙江大學出版社

本册目録

卷二十七

卷二十八上

卷二十八下

卷二十九

卷三十上

卷三十下

銚期王霸祭遵傳第十　祭遵從弟肜

後漢書二十

唐章懷太子賢注

銚期字次況潁川郟人也長八尺二寸容貌絕異矜嚴有威父猛爲桂陽太守卒期服喪三年鄉里稱之光武略地潁川聞期志義召署賊曹掾（漢官儀曰東西曹掾比四百石餘掾比三百石賊曹主盜賊之事）從徇薊時王郎檄書到薊薊中起兵應郎光武趣駕出百姓聚觀諠呼滿道遮路不得行期騎馬奮戟瞋目大呼左右曰趩（周禮隸僕掌蹕宮中之事鄭衆曰止行淸道也若今警蹕說文趩與蹕同）衆皆披靡（披普彼反）及至城門門已閉攻之得出行至信都以期爲裨將與傅寬呂晏俱屬鄧禹徇傍縣又發房子兵禹以期爲能獨拜偏將軍授兵二千人寬晏各數百人還言其狀光武甚善之使期別徇眞定宋子攻拔樂陽槀肥纍（樂陽縣名屬常山郡今恒州槀城縣也故城在縣西肥纍故肥子國也漢以爲縣故城在今槀城縣西南並屬眞定國纍音力追反）從擊王郎將兒宏劉奉於鉅鹿下（兒音五奚反）期先登陷陣手殺五十餘人

被創中額攝幘復戰（攝猶正也）遂大破之王郎滅拜期虎牙大將軍乃因間說光武曰河北之地界接邊塞人習兵戰號爲精勇今更始失政大統危殆海內無所歸往明公據河山之固擁精銳之衆以順萬人思漢之心則天下誰敢不從光武笑曰卿欲遂前蹕邪（唯天子得稱警蹕）時銅馬數十萬衆入清陽博平（博平縣名屬東郡在今博州縣也）期與諸將迎擊之連戰不利期乃更背水而戰所殺傷甚多會光武救至遂大破之追至館陶皆降之從擊青犢赤眉于射犬賊襲期輜重期還擊之手殺傷數十人身破三創而戰方力（力苦戰也）遂破走之光武即位封安成侯（安成縣名屬汝南郡故城在今豫州汝陽縣東南也）食邑五千戶時檀鄉五樓賊入繁陽內黃（繁陽縣名故城在今相州內黃縣東北內黃故城在西北）又魏郡大姓數反覆而更始將卓京（京或作原）謀欲相率反鄴城帝以期爲魏郡太守行大將軍事期發郡兵擊卓京破之斬首六百餘級京亡入山追斬其將校數十人獲京妻子進擊

繁陽內黃復斬數百級郡界清平督盜賊李熊鄴中之豪而熊弟陸謀欲反音翻城迎檀鄉或曰告期期不應告者三四期乃召問熊熊叩頭首服願與老母俱就死期曰爲吏儻不若爲賊樂者可歸與老母往就陸也必以在城中爲吏不如爲賊之樂卽任將母往就弟使吏送出城熊行求得陸將詣鄴城西門陸不勝愧慼自殺曰謝期期嗟歎曰禮葬之而還熊故職於是郡中服其威信建武五年行幸魏郡曰期爲太中大夫從還洛陽又拜衞尉期重於信義自爲將有所降下未嘗虜掠及在朝廷憂國愛主其有不得於心必犯顏諫諍帝嘗輕與期門近出前書武帝將出必與北地良家子期於殿門故曰期門期頓首車前曰臣聞古今之戒變生不意誠不願陛下微行數出帝爲之回輿而還十年卒東觀記曰期疾病使使者存問加賜醫藥甚厚其母問期當封何子期言受國家恩深常慙負如死不知當何以報國何宜封子也上甚憐之帝親臨襚斂贈曰衞尉安成侯印綬謚曰忠侯子丹嗣復封丹弟統爲建平侯建平縣名屬沛郡故城在今亳州酇縣西北一名馬頭城後

徙封丹葛陵侯葛陵縣名故城在汝南故鮦陽縣也丹卒子舒嗣舒卒子羽嗣羽卒子蔡嗣

王霸字元伯潁川潁陽人也世好文法東觀記曰祖父爲詔獄丞父爲郡決曹掾漢官儀決曹主罪法事霸亦少爲獄吏常慷慨不樂吏職其父奇之遣西學長安漢兵起光武過潁陽霸率賓客上謁曰將軍興義兵竊不自知量貪慕威德願充行伍光武曰夢想賢士共成功業豈有二哉遂從擊破王尋王邑於昆陽還休鄉里及光武爲司隸校尉道過潁陽霸請其父願從父曰吾老矣不任軍旅汝往勉之霸從至洛陽及光武爲大司馬以霸爲功曹令史從度河北賓客從霸者數十人稍稍引去光武謂霸曰潁川從我者皆逝而子獨留努力疾風知勁草及王郎起光武在薊郎移檄購光武光武令霸至市中募人將以擊郎市人皆大笑舉手邪揄之說文曰歋瘉手相笑也歋音弋支反瘉音踰或音由此云邪揄語輕重不同霸

慚懅而退(懅亦慙也音遽)光武卽南馳至下曲陽傳聞王郎兵在後從者皆恐及至虖沱河候吏還白河水流澌(澌音斯)無船不可濟官屬大懼光武令霸往視之霸恐驚衆欲且前阻水還卽詭曰冰堅可度官屬皆喜光武笑曰候吏果妄語也遂前比至河河冰亦合乃令霸護度(監護度也)未畢數騎而冰解光武謂霸曰安吾衆得濟免者卿之力也霸謝曰此明公至德神靈之祐雖武王白魚之應無以加此(今文尚書曰武王度盟津白魚躍入王舟)光武謂官屬曰王霸權以濟事殆天瑞也以爲軍正爵關內侯既至信都發兵攻拔邯鄲霸追斬王郎得其璽綬封王鄉侯從平河北常與臧宮傅俊共營霸獨善撫士卒死者脫衣以斂之傷者躬親以養之光武卽位以霸曉兵愛士可獨任拜爲偏將軍幷將臧宮傅俊兵而以宮俊爲騎都尉建武二年更封富波侯(富波縣名屬汝南郡在今豫州)四年秋帝幸譙使霸與捕虜將軍馬武東討周建於垂惠

蘇茂將五校兵四千餘人救建而先遣精騎遮擊馬武軍糧武往救之建從城中出兵夾擊武武恃霸之援戰不甚力爲茂建所敗武軍奔過霸營大呼求救霸曰賊兵盛出必兩敗努力而已乃閉營堅壁軍吏皆爭之霸曰茂兵精銳其衆又多吾吏士心恐而捕虜與吾相恃兩軍不一此敗道也今閉營固守示不相援賊必乘勝輕進捕虜無救其戰自倍如此茂衆疲勞吾承其弊乃可剋也茂建果悉出攻武合戰良久霸軍中壯士路潤等數十人斷髮請戰霸知士心銳乃開營後出精騎襲其背茂建前後受敵驚亂敗走霸武各歸營賊復聚衆挑戰霸堅臥不出方饗士作倡樂茂雨射營中中霸前酒樽安坐不動軍吏皆曰茂前日已破今易擊也霸曰不然蘇茂客兵遠來糧食不足故數挑戰以徼一切之勝（徼要也一切猶權時也）今閉營休士所謂不戰而屈人之兵善之善者也茂建既不

得戰，乃引還營。其夜，建兄子誦反，閉城拒之，茂、建遁去，誦已城降。

五年春，帝使太中大夫持節拜霸爲討虜將軍。六年，屯田新安。八年，屯田函谷關，擊滎陽、中牟盜賊，皆平之。九年，霸與吳漢及橫野大將軍王常、建義大將軍朱祐、破姦將軍侯進等五萬餘人，擊盧芳將賈覽、閔堪於高柳。匈奴遣騎助芳，漢軍遇雨，戰不利。吳漢還洛陽，令朱祐屯常山，王常屯涿郡，侯進屯漁陽。璽書拜霸上谷太守，領屯兵如故，捕擊胡虜，無拘郡界。拘猶限也。明年，霸復與吳漢等四將軍六萬人出高柳擊賈覽，詔霸與漁陽太守陳訢將兵爲諸軍鋒。匈奴左南將軍將數千騎救覽，霸等連戰於平城下，破之，追出塞，斬首數百級。霸及諸將還入鴈門，與驃騎大將軍杜茂會，攻盧芳將尹由於崞、繁時，不尅。崞及繁時皆縣名，屬鴈門郡，並今代州縣也。有崞山焉。崞音郭。十三年，增邑戶，更封向侯。向，縣名，屬沛郡。左傳曰「莒人入向」。案今密州莒縣南又有向城。是時盧芳與匈奴、烏桓連兵，寇盜尤數，緣邊愁苦詔霸將弛刑徒六千餘人與杜茂治飛狐道（飛狐道在今蔚州飛狐縣北通嬀州懷戎縣卽古之飛狐口也）堆石布土築起亭障自代至平城三百餘里凡與匈奴烏桓大小數十百戰頗識邊事數上書言宜與匈奴結和親又陳委輸可從溫水漕（水經注曰溫餘水出上谷居庸關東又東過軍都縣南又東過薊縣北益通以運漕也）㠯省陸轉輸之勞事皆施行後南單于烏桓降服北邊無事霸在上谷二十餘歲三十年定封淮陵侯（淮陵縣屬臨淮郡）永平二年㠯病免後數月卒子符嗣徙封軑侯（軑縣名屬江夏郡軑音大）符卒子度嗣度尚顯宗女浚義長公主爲黃門郞度卒子歆嗣

祭遵字弟孫（祭音側界反）潁川潁陽人也少好經書家富給而遵恭儉惡衣服喪母負土起墳嘗爲部吏所侵結客殺之初縣中㠯其柔也旣而皆憚焉及光武破王尋等還過潁陽遵㠯縣吏數進見光武愛其容儀署爲門下史從征河北爲軍市令舍中兒犯法遵格殺

之光武怒命收遵時主簿陳副諫曰明公常欲衆軍整齊今遵奉法不避是教令所行也光武乃貰之貰猶赦也已為刺姦將軍謂諸將曰當備祭遵吾舍中兒犯法尚殺之必不私諸卿也尋拜為偏將軍從平河北以功封列侯建武二年春拜征虜將軍定封潁陽侯與驃騎大將軍景丹建義大將軍朱祐漢忠將軍王常騎都尉王梁臧宮等入箕關箕關解在鄧禹傳南擊弘農厭新柏華蠻中賊東觀記曰柏華聚也弩中遵口洞出流血衆見遵傷稍引退遵呼叱止之士卒戰皆自倍遂大破之時新城蠻中山賊張滿新城縣名屬河南郡今伊闕縣也屯結險隘為人害詔遵攻之遵絕其糧道滿數挑戰遵堅壁不出而厭新柏華餘賊復與滿合遂攻得霍陽聚有霍陽山故名焉俗謂之張侯城在今汝州西南遵乃分兵擊破降之明年春張滿飢困城拔生獲之初滿祭祀天地自云當王既執歎曰讖文誤我乃斬之夷其妻子遵引兵南擊鄧奉弟終於杜衍破之

杜衍縣名屬河南郡故城在今鄧州南陽縣西南時涿郡太守張豐執使者舉兵反自稱無上大
將軍與彭寵連兵四年遵與朱祜及建威大將軍耿弇驍騎將軍
劉喜俱擊之遵兵先至急攻豐豐功曹孟厷執豐降說文曰厷臂上也厷音古弘字初
豐好方術有道士言豐當爲天子已五綵囊裹石繫豐肘云石中
有玉璽豐信之遂反既執當斬猶曰肘石有玉璽遵爲椎破之豐
乃知被詐仰天歎曰當死無所恨諸將皆引還遵受詔留屯良鄉
拒彭寵因遣護軍傅玄襲擊寵將李豪於潞大破之斬首千餘級
相拒歲餘數挫其鋒黨與多降者及寵死遵進定其地六年春詔
遵與建威大將軍耿弇虎牙大將軍蓋延漢忠將軍王常捕虜將
軍馬武驍騎將軍劉歆武威將軍劉尚等從天水伐公孫述續漢書曰上幸
廣陽城門設祖道閱過諸將以遵新破漁陽令最在前師次長安時車駕亦至而隗囂不欲漢兵上隴
辭說解故解故謂解脫事故以爲辭說帝召諸將議皆曰可且延囂日月之期益封

其將帥已消散之遵曰囂挾姦久矣今若按甲引時則使其詐謀益深而蜀警倍增固不如遂進帝從之乃遣遵爲前行隗囂使其將王元拒隴坻遵進擊破之追至新關及諸將到與囂戰立敗引退下隴乃詔遵軍汧耿弇軍漆征西大將軍馮異軍栒邑大司馬吳漢等還屯長安自是後遵數挫囂事已見馮異傳八年秋復從車駕上隴及囂破帝東歸過汧幸遵營勞饗士卒作黃門武樂良夜乃罷（黃門署名前書曰是時名倡皆集黃門武樂執干戚以舞也良猶深也或作久）時遵有疾詔賜重茵覆以御蓋復令進屯隴下及公孫述遣兵救囂吳漢耿弇等悉奔還遵獨留不卻（東觀記曰時遵屯汧詔書曰將軍連年距難眾兵即卻復獨按部功勞爛然兵退無宿戒糧食不豫具今乃調度恐力不堪國家知將軍不易亦不遺力今送縑千匹以賜吏士）

九年春卒於軍遵爲人廉約小心克己奉公賞賜輒盡與士卒家無私財身衣韋袴布被夫人裳不加緣帝以是重焉（緣或作綵）及卒愍悼之尤甚遵喪至河南縣詔遣百官先會喪所車駕素服臨之望哭

哀慟還幸城門過其車騎東觀記曰上還幸城門閲過喪車瞻望涕泣涕泣不能已喪禮成復親祠以太牢如宣帝臨霍光故事霍光薨宣帝及上官太后親臨光喪使大中大夫任宣侍御史五人持節護喪事東觀記曰時下宣帝臨霍將軍儀令公卿讀視以爲故事詔大長秋謁者河南尹護喪事大司農給費博士范升上疏追稱遵曰臣聞先王崇政尊美屏惡孔子曰尊五美屏四惡昔高祖大聖深見遠慮班爵割地與下分功著錄勳臣頌其德美生則寵以殊禮奏事不名入門不趨前書曰蕭何奏事不名入門不趨死則疇其爵邑世無絕嗣疇等也言功臣死後子孫襲封世世與先人等丹書鐵券傳於無窮前書高祖與功臣剖符作誓丹書鐵契金匱石室藏之宗廟斯誠大漢厚下安人長久之德所以累世十餘歷載數百漢興至此二百餘年言數百者謂以百數之廢而復興絕而復續者也陛下以至德受命先明漢道褒序輔佐封賞功臣同符祖宗征虜將軍潁陽侯遵不幸早薨陛下仁恩爲之感傷遠迎河南惻怛之慟形於聖躬喪事用度仰給縣官重賜妻子不可勝數送死有以加生厚亡有以過存矯俗厲化卓如日

月卓高也　古者臣疾君視，臣卒君弔，前書賈山上書曰：古之賢君於其臣也，尊其爵祿而親之，疾則臨視之無數，死則往弔哭之，臨其小斂大斂，可謂盡禮也，故臣下竭力盡死以報其上。德之厚者也。陵遲已來久矣。及至陛下，復興斯禮，羣下感動，莫不自勵。臣竊見遵修行積善，竭忠於國，北平漁陽，西拒隴蜀，先登坻上，即隴坻上。深取略陽。衆兵既退，獨守衝難。衝，兵衝也。謂吳漢、耿弇等悉奔還，唯遵獨留不卻。制御士心，不越法度，所在吏人不知有軍。言不侵擾。清名聞於海內，廉白著於當世。所得賞問，輒盡與吏士，身無奇衣，家無私財。同産兄午，曰遵無子，娶妾送之，遵乃使人逆而不受，自曰身任於國，不敢圖生慮繼嗣之計。臨死遺誡牛車載喪，薄葬洛陽。問曰家事，終無所言。任重道遠，死而後已。論語孔子曰：仁以爲己任，不亦重乎？死而後已，不亦遠乎？遵爲將軍，取士皆用儒術，對酒設樂，必雅歌投壺。雅歌謂歌雅詩也。禮記投壺經曰：壺頸修七寸，腹修五寸，口徑二寸半，容斗五升。壺中實小豆焉，爲其矢之躍而出也。矢以柘若棘，長二尺八寸，無去其皮，取其堅而重。投之勝者飲不勝者，以爲優劣也。又建爲孔子立後，奏置五經大夫。雖在軍旅，不忘俎豆，可謂好禮悅樂，守死善道者也。禮生有爵死有諡爵㠯殊尊卑諡㠯明善惡臣愚㠯爲宜因遵薨論敘衆功詳案諡法㠯禮成之〔諡法周書之篇周公制焉〕顯章國家篤古之制爲後嗣法帝乃下升章㠯示公卿至葬車駕復臨贈㠯將軍侯印綬朱輪容車介士軍陳送葬〔容車容飾之車象生時也介士甲士也東觀記曰遣校尉發騎士四百人被玄甲兜鍪兵車軍陳送葬〕諡曰成侯旣葬車駕復臨其墳存見夫人室家其後會朝帝每歎曰安得憂國奉公之臣如祭征虜者乎遵之見思如此〔東觀記曰上數嗟嘆衞尉銚期見上感慟對曰陛下至仁哀念祭遵不已羣臣各懷慙懼也〕無子國除兄午官至酒泉太守從弟肜

肜字次孫早孤㠯至孝見稱遇天下亂野無煙火而獨在冢側每賊過見其尚幼而有志節皆奇而哀之光武初㠯遵故拜肜爲黃門侍郎常在左右及遵卒無子帝追傷之㠯肜爲偃師長令近遵墳墓四時奉祠之肜有權略視事五歲縣無盜賊課爲第一遷襄賁令〔襄賁縣名屬東海郡故城在今沂州臨沂縣南賁音肥〕時天下郡國尚未悉平襄賁盜賊白日公

行彤至誅破姦猾殄其支黨數年襄賁政清璽書勉勵增秩一等賜縑百匹當是時匈奴鮮卑及赤山烏桓連和強盛數入塞殺略吏人朝廷以爲憂益增緣邊兵郡有數千人又遣諸將分屯障塞帝以彤爲能建武十七年拜遼東太守至則勵兵馬廣斥候彤有勇力能貫三百斤弓虜每犯塞常爲士卒鋒數破走之二十一年秋鮮卑萬餘騎寇遼東彤率數千人迎擊之自被甲陷陳虜大奔投水死者過半遂窮追出塞虜急皆棄兵裸身散走斬首三千餘級獲馬數千匹自是後鮮卑震怖畏彤不敢復闚塞彤以三虜連和卒爲邊害（卒終也三虜謂匈奴鮮卑及赤山烏桓）二十五年乃使招呼鮮卑示以財利其大都護偏何（鮮卑名也）遣使奉獻願得歸化彤慰納賞賜稍復親附其異種滿離高句驪之屬遂駱驛款塞上貂裘好馬帝輒倍其賞賜其後偏何邑落諸豪並歸義願自效彤曰審欲立功當歸擊匈奴斬

送頭首乃信耳偏何等皆仰天指心曰必自効即擊匈奴左伊秩
訾部斬首二千餘級持頭詣郡其後歲歲相攻輒送首級受賞賜
自是匈奴衰弱邊無寇警鮮卑烏桓並入朝貢彤爲人質厚重毅
體貌絕眾撫夷狄㠯恩信皆畏而愛之故得其死力初赤山烏桓
數犯上谷爲邊害詔書設購賞切責州郡不能禁彤乃率勵偏何
遣往討之永平元年偏何擊破赤山斬其魁帥持首詣彤塞外震
讋音之涉反彤之威聲暢於北方西自武威東盡玄菟及樂浪胡夷皆來
內附野無風塵乃悉罷緣邊屯兵十二年徵爲太僕彤在遼東幾
三十年衣無兼副顯宗既嘉其功又美彤清約拜日賜錢百萬馬
三匹衣被刀劒下至居室什物大小無不悉備帝每見彤常歎息
㠯爲可屬㠯重任後從東巡狩過魯坐孔子講堂顧指子路室謂
左右曰此太僕之室太僕吾之禦侮也尚書大傳曰孔子曰吾有四友焉自吾得回也門人加親是非胥附邪自吾得

賜也遠方之士日至是非奔走邪自吾得師也前有光後有輝是非先後邪自吾得由也惡言不至門是非禦侮邪十六年使彤以太僕將萬餘騎與南單于左賢王信伐北匈奴期至涿邪山信初有嫌於彤行出高闕塞九百餘里得小山乃妄言以為涿邪山彤到不見虜而還坐逗遛畏懦下獄免彤性沈毅內重自恨見詐無功出獄數日歐血死臨終謂其子曰吾蒙國厚恩奉使不稱微績不立身死誠慙恨義不可以無功受賞死後若悉簿上所得賜物若汝也皆為文簿而上之身自詣兵屯效死前行以副吾心既卒其子逢上疏具陳遺言帝雅重彤方更任用聞之大驚召問逢疾狀嗟歎者良久焉烏桓鮮卑追思彤無已每朝賀京師常過冢拜謁仰天號泣乃去遼東吏人為立祠四時奉祭焉彤既葬子參遂詣奉車都尉竇固從軍擊車師有功稍遷遼東太守永元中鮮卑入郡界參坐沮敗下獄死彤子孫多為邊吏者皆有名稱

論曰祭彤武節剛方動用安重雖條侯穰苴之倫不能過也條侯周亞夫也為將軍軍於細柳文帝幸其營亞夫持兵揖曰介冑之士不拜請以軍禮見文帝曰此眞將軍也穰苴齊人田穰苴也齊景公使為將軍使莊賈往穰苴與約曰旦日日中會於軍門穰苴先至賈後至於是遂斬莊賈以狥三軍士皆振慄且臨守偏海政移獷俗獷古猛反又音久永反徼人請符以立信胡貊數級於郊下徼人謂徼外人偏何等也符驗也為偏何請還自効以驗內屬之信數級謂偏何斬何奴送首級受賞賜至乃卧鼓邊亭滅烽幽障者將三十年古所謂必世而後仁豈不然哉三十年為一世言承化久也論語孔子曰如有王者必世而後仁而一眚之故以致感憤眚過也左傳曰不以一眚掩大德眚音所景反惜哉畏法之敝也畏法猶嚴法也

贊曰期啓燕門霸冰虖河祭遵好禮臨戎雅歌彤抗遼左邊廷懷和

銚期王霸祭遵傳第十

任李萬邳劉耿列傳第十一 任光 子隗　　後漢書二十一

唐章懷太子賢注

任光字伯卿南陽宛人也少忠厚爲鄉里所愛初爲鄉嗇夫郡縣吏（續漢志曰三老游徼郡所署也秩百石掌一鄉人其鄉小者縣署嗇夫一人主知人善惡爲役先後知人貧富爲賦多少）漢兵至宛軍人見光冠服鮮明令解衣將殺而奪之會光祿勳劉賜適至視光容貌長者乃救全之光因率黨與從賜爲安集掾拜偏將軍與世祖破王尋王邑更始至洛陽以光爲信都太守及王郎起郡國皆降之光獨不肯遂與都尉李忠令萬修（信都令也）功曹阮況五官掾郭唐等（續漢志曰五官掾掌署諸曹事）同心固守廷掾持王郎檄（東觀記扶柳縣廷掾）詣府白光光斬之於市以徇百姓發精兵四千人城守更始二年春世祖自薊還狼貝不知所向傳聞信都獨爲漢拒邯鄲卽馳赴之光等孤城獨守恐不能全（獨守無援故恐之）聞世祖至大喜吏民皆稱萬歲卽時開門與李忠萬修

卒官屬迎謁世祖入傳舍謂光曰伯卿今埶力虛弱欲俱入城頭子路刀子都兵中何如邪光曰不可世祖曰卿兵少如何光曰可募發奔命出攻傍縣若不降者恣聽掠之人貪財物則兵可招而致也世祖從之拜光爲左大將軍封武成侯留南陽宗廣領信都太守事使光將兵從光乃多作檄文曰大司馬劉公將城頭子路刀子都兵百萬衆從東方來擊諸反虜遣騎馳至鉅鹿界中吏民得檄傳相告語世祖遂與光等投暮入堂陽界投至也堂陽今冀州縣也使騎各持炬火彌滿澤中光炎燭天地舉城莫不震驚惶怖其夜卽降旬日之間兵衆大盛因攻城邑遂屠邯鄲迺遣光歸郡城頭子路者東平人姓爰名曾字子路與肥城劉詡起兵盧城頭盧縣名屬太山郡今濟州縣故號其兵爲城頭子路曾自稱都從事詡稱校三老寇掠河濟閒衆至二十餘萬更始立曾遣使降拜曾東萊郡太守今萊州詡濟南太守皆

行大將軍事是歲曾爲其將所殺衆推詡爲主更始封詡助國侯令罷兵歸本郡刀子都者東海人也起兵鄉里鈔擊徐兗界衆有六七萬更始立遣使降拜子都徐州牧爲其部曲所殺餘黨復相聚與諸賊會於檀鄉（今兗州瑕丘縣東北有檀鄉）因號爲檀鄉檀鄉渠帥董次仲始起茌平（茌平縣名屬東郡故城在今博州聊城縣東茌音仕疑反）遂渡河入魏郡淸河與五校合衆十餘萬建武元年世祖入洛陽遣大司馬吳漢等擊檀鄉明年春大破降之是歲更封光阿陵侯（阿陵縣名屬涿郡也）食邑萬戶五年徵詣京師奉朝請其冬卒子隗嗣後阮況爲南陽太守郭唐至河南尹皆有能名

隗字仲和少好黃老淸靜寡欲所得奉秩常以賑卹宗族收養孤寡顯宗聞之擢奉朝請遷羽林左監（續漢志曰羽林有左右監一人各六百石主左右羽林騎）虎賁中郎將又遷長水校尉肅宗卽位雅相敬愛數稱其行以爲將作大匠（前書曰將作少府秦官也景帝更名將作大匠秩二千石）將作大匠自建武以來常謁者兼之至隗迺置

貢焉建初五年遷太僕八年代竇固爲光祿勳所歷皆有稱章和元年拜司空隗義行內修不求名譽而㠯沈正見重於世和帝卽位大將軍竇憲秉權專作威福內外朝臣莫不震懾時憲擊匈奴國用勞費隗奏議徵憲還前後十上獨與司徒袁安同心畢力持重處正鯁言直議無所回隱持重謂守正也執議不移回邪也隱避也語在袁安傳永元四年薨子屯嗣帝追思隗忠擢屯爲步兵校尉徙封西陽侯西陽縣名屬山陽郡也屯卒子勝嗣東觀漢記曰勝字作騰勝卒子世嗣徙封北鄉侯北鄉縣名屬齊郡

李忠字仲都東萊黃人也黃今萊州縣也故城在縣東南父爲高密都尉臣賢案東觀記續漢書並云中尉又郡國志高密侯百官志皇子封每國傅相各一人中尉一人比二千石職如郡都尉主盜賊高密非郡爲都字者誤忠元始中㠯父任爲郎署中數十人而忠獨㠯好禮修整稱王莽時爲新博屬長王莽改信都國曰新博郡尉曰屬長也郡中咸敬信之更始立使使者行郡國卽拜忠都尉官忠遂與任光同奉世祖㠯爲右大將軍封武固侯時世祖自解所佩綬㠯

帶忠東觀記曰上初至不脫衣帶衣服垢薄使忠解澣長襦忠更作新袍袴解支小單衣襪而上之因從攻下屬縣至苦陘苦陘縣名屬中山國章帝改曰漢昌自此已後隨代改之今定州唐昌縣是也世祖會諸將問所得財物唯忠獨無所掠世祖曰我欲特賜李忠諸卿得無望乎卽以所乘大驪馬及繡被衣物賜之馬色黑而青曰驪進圍鉅鹿未下王郎遣將攻信都信都大姓馬寵等開城內之收太守宗廣及忠母妻而令親屬招呼忠時寵弟從忠爲校尉忠卽時召見責數以背恩反城因格殺之諸將皆驚曰家屬在人手中殺其弟何猛也忠曰若縱賊不誅則二心也世祖聞而美之謂忠曰今吾兵已成矣將軍可歸救老母妻子宜自募吏民能得家屬者賜錢千萬來從我取忠曰蒙明公大恩思得效命誠不敢內顧宗親世祖迺使任光將兵救信都光兵於道散降王郎無功而還會更始遣將攻破信都忠家屬得全世祖因使忠還行太守事收郡中大姓附邯鄲者誅殺數百人及任光歸郡忠

迺還復爲都尉建武二年更封中水侯中水縣屬涿郡前書音義曰此縣在兩河之間故曰中水故城在今瀛州樂壽縣西北食邑三千戸其年徵拜五官中郎將從平龐萌董憲等六年遷丹陽太守是時海内新定南方海濱江淮多擁兵據土忠到郡招懷降附其不服者悉誅之旬月皆平忠以丹陽越俗不好學嫁娶禮義衰於中國乃爲起學校習禮容春秋鄉飲校亦學也禮記曰鄉飲酒之義主人拜迎賓於庠門之外三揖而後至階三讓而後升所以致尊讓也六十者坐五十者立侍以聽政役所以明尊長也合諸鄉射教之鄉飲酒之禮而孝悌之行立鄭玄注曰春秋以禮會民於州序也選用明經郡中向慕之墾田增多三歲閒流民占著者五萬餘口著音直略反十四年三公奏課爲天下第一遷豫章太守病去官東觀記曰病溼痺免徵詣京師十九年卒子威嗣威卒子純嗣永平九年坐母殺純叔父國除東觀記曰永平二年坐純母禮殺威弟季永初七年鄧太后復封純琴亭侯純卒子廣嗣

萬修字君游扶風茂陵人也更始時爲信都尉與太守任光都尉李忠共城守迎世祖拜爲偏將軍封造義侯及破邯鄲拜右將軍

從平河北建武二年更封槐里侯與揚化將軍堅鐔俱擊南陽未剋而病卒於軍子普嗣徙封泫氏侯泫氏縣名屬上黨郡西有泫谷水故以爲名今澤州高平縣也泫音胡涓反普卒子親嗣徙封扶柳侯扶柳縣名故城在今冀州信都縣西親卒無子國除永初七年鄧太后紹封修曾孫豐爲曲平亭侯豐卒子熾嗣永建元年熾卒無子國除延熹二年桓帝紹封修玄孫恭爲門德亭侯

邳彤字偉君信都人也父吉爲遼西太守彤初爲王莽和成卒正東觀漢記曰王莽分鉅鹿爲和成郡居下曲陽以彤爲卒正也世祖徇河北至下曲陽彤舉城降復以爲太守留止數日世祖北至薊會王郎兵起使其將徇地所到縣莫不奉迎唯和成信都堅守不下彤聞世祖自薊還失軍欲至信都乃先使五官掾張萬督郵尹綏選精騎二千餘匹緣路迎世祖軍彤尋與世祖會信都世祖雖得二郡之助而兵眾未合議者多言可因信都兵自送西還長安彤廷對曰議者之言皆非也吏民歌吟

思漢久矣故更始舉尊號而天下嚮應三輔清宮除道以迎之一夫荷戟大呼則千里之將無不捐城遁逃虜伏請降自上古以來亦未有感物動民其如此者也又卜者王郎假名因勢驅集烏合之衆遂震燕趙之地況明公奮二郡之兵揚嚮應之威以攻則何城不克以戰則何軍不服今釋此而歸豈徒空失河北必更驚動三輔墮損威重非計之得者也若明公無復征伐之意則雖信都之兵猶難會也何者明公既西則邯鄲城民不肯捐父母背城主而千里送公其離散亡逃可必也世祖善其言而止卽日拜彤爲後大將軍和成太守如故使將兵居前北至堂陽堂陽已反屬王郎彤使張萬尹綏先曉譬吏民世祖夜至卽開門出迎引兵擊破白奢賊於中山自此常從戰攻信都復反爲王郎郎所置信都王捕繫彤父弟及妻子使爲手書呼彤曰降者封爵不降族滅彤涕

泣報曰：事君者不得顧家。彤親屬所以至今得安於信都者，劉公之恩也。公方爭國事，彤不得復念私也。會更始所遣將攻拔信都，郎兵敗走，彤家屬得免。及拔邯鄲，封武義侯。建武元年，更封靈壽侯，靈壽縣名，故城在今恒州靈壽縣西北。行大司空事。帝入洛陽，拜彤太常，月餘日，轉少府。是年免。復爲左曹侍中，前書曰：侍中有左右曹，入侍天子，故曰侍中。常從征伐。六年，就國。彤卒，子湯嗣。九年，徙封樂陵侯。樂陵縣名，屬平原郡，故城在今滄州樂陵縣東也。十九年，湯卒，子某嗣，史闕名也。無子，國除。元初元年，鄧太后紹封彤孫音爲平亭侯。音卒，子柴嗣。

初，張萬、尹綏與彤俱迎世祖，皆拜偏將軍，亦從征伐。萬封重平侯，綏封平臺侯。重平縣名，屬渤海郡，故城在今安德縣西北。臣賢案：平臺縣屬常山郡，諸本多云平壹者，誤也。

論曰：凡言成事者，以功著易顯；謀幾初者，以理隱難昭。幾者，事之先見者也。斯固原情比迹所宜推察者也。若迺議者欲因二郡之眾，建入關之策，委成業，臨不測，而世主未悟，謀夫景同，邳彤之廷對，其爲幾乎！

語曰一言可以興邦〔論語魯定公謂孔子之言也〕斯近之矣

劉植字伯先鉅鹿昌城人也王郎起植與弟喜從兄歆〔東觀記曰喜作嘉字共仲歆字細君也〕率宗族賓客聚兵數千人據昌城聞世祖從薊還迺開門迎世祖以植為驍騎將軍喜歆偏將軍皆為列侯時真定王劉揚起兵以附王郎眾十餘萬世祖遣植說揚揚乃降世祖因留真定納郭后后即揚之甥也故以此結之迺與揚及諸將置酒郭氏漆里舍〔漆園即郭氏所居之里名也〕揚擊筑為歡因得進兵拔邯鄲從平河北建武二年更封植為昌城侯討密縣賊戰歿子向嗣帝使喜代將植營復為驍騎將軍封觀津侯〔觀津縣名故城在今德州蓨縣西北〕喜卒復以歆為驍騎將軍封浮陽侯〔浮陽縣名屬渤海郡在浮水之陽今滄州清池縣也〕喜歆從征伐皆傳國於後向徙封東武陽侯〔東武陽縣屬東郡在武水之陽故城在今魏州莘陽縣南〕卒子述嗣永平十五年坐與楚王英謀反國除

耿純字伯山鉅鹿宋子人也父艾為王莽濟平尹〔莽改定陶國曰濟平也〕純學於

長安因除爲納言士（王莽法古置納言之官卽尚書也每官皆置士故曰納言士也）王莽敗更始立使舞陰王李軼降諸郡國純父艾降還爲濟南太守時李軼兄弟用事專制方面賓客游說者甚衆純連求謁不得通久之迺得見說軼曰大王以龍虎之姿遭風雲之時（遭遇也易曰雲從龍風從虎）奮迅拔起期月之閒兄弟稱王（拔猶卒也拔音步末反期音朞）而德信不聞於士民功勞未施於百姓寵禄暴興此智者之所忌也（前書陳嬰母謂嬰曰暴得富貴者不祥也故云智者之所忌也）兢兢自危猶懼不終而況沛然自足可以成功者乎（公羊傳曰力沛然若有餘何休注曰沛有餘優饒貌）軼奇之且以其鉅鹿大姓迺承制拜爲騎都尉授以節令安集趙魏會世祖渡河至邯鄲純卽謁見世祖深接之純退見官屬將兵法度不與它將同遂求自結納獻馬及縑帛數百匹世祖北至中山留純邯鄲會王郎反（東觀記曰王郎舉尊號欲收純純持節與從吏夜遁出城駐節道中詔取行者車馬得數十馳歸宋子與從兄訢宿植俱詣上所在盧奴言王郎所反之狀）世祖自薊東南馳純與從昆弟訢宿植共率宗族賓客二千餘人（續漢書曰皆衣縑襜

褕襜衣也老病者皆載木自隨奉迎於育左傳曰又如是而嫁將就木焉木謂棺也老病者恐死故載以從軍育縣名故城在冀州訢拜純爲前將軍封耿鄉侯酈元注水經曰郎水北有耿鄉光武封耿純爲侯國俗謂之宜安城其故城在今恒州槀城縣西南也宿植皆偏將軍使與純居前降宋子從攻下曲陽及中山是時郡國多降邯鄲者純恐宗家懷異心迺使訢宿歸燒其廬舍世祖問純故對曰竊見明公單車臨河北非有府藏之蓄重賞甘餌可以聚人者也黃石公記曰芳餌之下必有懸魚重賞之下必有死夫易曰何以聚人曰財故純引之徒以恩德懷之是故士衆樂附今邯鄲自立北州疑惑純雖舉族歸命老弱在行猶恐宗人賓客半有不同心者故燔燒屋室絕其反顧之望世祖歎息及至鄗世祖止傳舍鄗大姓蘇公反城開門內王郎將李惲純先覺知將兵逆與惲戰大破斬之從平邯鄲又破銅馬時赤眉青犢上江大彤鐵脛五幡十餘萬衆並在射犬世祖引兵將擊之純軍在前去衆營數里賊忽夜攻純雨射營中矢下如雨也士多死傷純勒部曲

堅守不動選敢死二千人俱持彊弩各傳三矢使銜枚閒行傳著也繞出賊後齊聲呼譟彊弩並發賊衆驚走追擊遂破之馳騎白世祖世祖明旦與諸將俱至營勞純曰昨夜困乎純曰賴明公威德幸而獲全世祖曰大兵不可夜動故不相救耳軍營進退無常卿宗族不可悉居軍中迺以純族人耿伋爲蒲吾長蒲吾縣名屬常山郡故城在今恒州靈壽縣南悉令將親屬居焉世祖即位封純高陽侯擊劉永於濟陰下定陶初純從攻王郎墯馬折肩時疾發迺還詣懷宮懷河內縣名有離宮焉帝問卿兄弟誰可使者純舉從弟植於是使植將純營純猶以前將軍從時眞定王劉揚復造作讖記云赤九之後癭揚爲主漢以火德故云赤也光武於高祖九代孫故云九揚病癭欲以惑衆與綿曼賊交通綿曼縣名屬眞定國故城在今恒州石邑縣西北俗音訛謂之人文故城也建武二年春遣騎都尉陳副游擊將軍鄧隆徵揚揚閉城門不內副等乃復遣純持節行赦令於幽冀所過並使勞慰王侯密勑純曰劉

揚若見因而收之純從吏士百餘騎與副隆會元氏俱至眞定止傳舍揚稱病不謁以純眞定宗室之出（男子謂姊妹之子爲出也）遣使與純書欲相見純報曰奉使見王侯牧守不得先詣如欲面會宜出傳舍時揚弟林邑侯讓及從兄細（東觀記續漢書細並作紺）各擁兵萬餘人揚自恃衆强而純意安靜卽從官屬詣之兄弟並將輕兵在門外揚入見純純接以禮敬因延請其兄弟皆入迺閉閤悉誅之因勒兵而出眞定震怖無敢動者帝憐揚讓謀未發並封其子復故國純還京師因自請曰臣本吏家子孫幸遭大漢復興聖帝受命備位列將爵爲通侯天下略定臣無所用志願試治一郡盡力自効帝笑曰卿旣治武復欲修文邪迺拜純爲東郡太守時東郡未平純視事數月盜賊清寧四年詔純將兵擊更始東平太守范荊荊降進擊太山濟南及平原賊皆平之居東郡四歲時發干長有罪純案奏圍守之奏

未下長自殺純坐免以列侯奉朝請從擊董憲道過東郡百姓老小數千隨車駕涕泣曰願復得耿君帝謂公卿曰純年少被甲冑爲軍吏耳治郡迺能見思若是乎六年定封爲東光侯（東光今滄州縣也續漢書曰六年上令諸侯就國純上書自陳前在東郡案誅涿郡太守朱英親屬今國屬涿誠不自安制書報曰侯前奉公行法朱英久吏曉知義理何時當以公事相是非然受堯舜之罰者不能愛已也已更擇國土令侯無介然之憂乃更封純爲東光侯也）純辭就國帝曰文帝謂周勃丞相吾所重君爲我率諸侯就國今亦然也純受詔而去至鄴賜穀萬斛到國弔死問病民愛敬之八年東郡濟陰盜賊羣起遣大司空李通橫野大將軍王常擊之帝以純威信著於衛地（東郡舊衛地也）遣使拜太中大夫使與大兵會東郡東郡聞純入界盜賊九千餘人皆詣純降大兵不戰而還璽書復以爲東郡太守吏民悅服十三年卒官謚曰成侯子阜嗣植後爲輔威將軍封武邑侯（武邑縣名屬信都今冀州縣也）宿至代郡太守封遂鄉侯訢爲赤眉將軍封著武侯從鄧禹西征戰死雲陽凡宗族

封列侯者四人關內侯者三人爲二千石者九人阜徙封莒鄉侯永平十四年坐同族耿歙與楚人顏忠辭語相連國除建初二年肅宗追思純功紹封阜子盱爲高亭侯盱卒無嗣帝復封盱弟騰續漢書云封騰高亭侯也卒子忠嗣忠卒孫緒嗣

贊曰任邳識幾嚴城解扉解猶開也委佗還旅二守焉依委音於危反佗音移行貌也旅衆也還旅謂自薊而還也二守謂任光爲信都太守邳肜爲和成太守也左傳曰平王東遷晉鄭焉依言光武失軍而南還依任邳以成功純植義發奉兵佐威

任李萬邳劉耿列傳第十一

後漢書二十一

朱景王杜馬劉傅堅馬列傳第十二　後漢書二十二

唐章懷太子賢注

朱祜字仲先南陽宛人也（東觀記曰祜作福避安帝諱）少孤歸外家復陽劉氏（復陽縣名屬南陽郡）往來舂陵世祖與伯升皆親愛之伯升拜大司徒以祜爲護軍（前書曰護軍都尉秦官平帝元始元年更名護軍也）及世祖爲大司馬討河北復以祜爲護軍常見親幸舍止於中祜侍讌從容曰長安亂政公有日角之相此天命也（日角解在光武紀）世祖曰召刺姦收護軍（王莽置左右刺姦使督姦猾）祜乃不敢復言從征河北常力戰陷陣（續漢書曰祜至南緜爲賊所傷上親候視之）以爲偏將軍封安陽侯世祖即位拜爲建義大將軍建武二年更封堵陽侯（堵陽縣名屬南陽郡故城在今唐州方城縣堵音者）冬與諸將擊鄧奉於淯陽祜軍敗爲奉所獲明年奉破乃肉袒因祜降帝復祜位而厚加慰賜遣擊新野隨皆平之（隨縣名屬南陽郡故城在今隨州隨縣也）延岑自敗於穰遂與秦豐將張成合祜率征虜將軍祭遵與戰於東陽

大破之東陽聚名在南陽臨陣斬成延岑敗走歸豐祐收得印綬九十七東觀記曰收得所盜茂陵武帝廟衣印綬進擊黃鄄降之賜祐黃金三十斤四年率破姦將軍侯進輔威將軍耿植代征南大將軍岑彭圍秦豐於黎丘破其將張康於蔡陽斬之帝自至黎丘使御史中丞李由持璽書招豐豐出惡言不肯降車駕引還勅祐方略祐盡力攻之明年夏城中窮困豐乃將其母妻子九人肉袒降祐檻車傳豐送洛陽斬之大司馬吳漢劾奏祐廢詔受降違將帥之任帝不加罪祐還與騎都尉臧宮會擊延岑餘黨陰酇筑陽三縣賊悉平之祐爲人質直尙儒學將兵率衆多受降以克定城邑爲本不存首級之功又禁制士卒不得虜掠百姓軍人樂放縱多以此怨之九年屯南行唐拒匈奴行唐今恆州縣也十三年增邑定封鬲侯鬲縣名屬平原郡食邑七千三百戶東觀記曰祐自陳功薄而國大願受南陽五百戶足矣上不許十五年朝京師上大將軍印綬因留奉朝請祐奏古者

人臣受封不加王爵可改諸王爲公帝卽施行又奏宜令三公並去大名曰法經典後遂從其議祐初學長安帝往候之祐不時相勞苦而先升講舍後車駕幸其第帝因笑曰主人得無舍我講乎祐曰有舊恩數蒙賞賚東觀記曰上在長安時嘗與祐共買蜜合藥上追念之賜祐白蜜一石問何如在長安時共買蜜乎其親厚如此二十四年卒子商嗣商卒子演嗣永元十四年坐從兄伯爲外孫陰皇后巫蠱事免爲庶人和帝陰后吳房侯陰綱女也爲巫蠱事廢永初七年鄧太后紹封演子沖爲鬲侯

景丹字孫卿馮翊櫟陽人也少學長安王莽時舉四科東觀記曰王莽時舉有德行能言語通政事明文學之士丹曰言語爲固德侯相有幹事稱遷朔調連率副貳朔調上谷也副貳屬令也更始立遣使者徇上谷丹與連率耿況降復爲上谷長史王郎起丹與況共謀拒之況使丹與子弇及寇恂等將兵南歸世祖世祖引見丹等笑曰邯鄲將帥數言我發漁陽上谷兵吾聊應言然

王郎將帥數云欲發二郡兵以拒光武時光武聊應然之猶今兩軍遥相戲弄也何意二郡良爲吾來東觀記曰上在廣阿聞外有大兵自來登城勒兵在西門樓上問何等兵丹等對曰上谷漁陽兵上曰爲誰來乎對曰爲劉公卽請丹入人人勞勉恩意甚備方與士大夫共此功名耳拜丹爲偏將軍號奉義侯從擊王郎將兒宏等於南䜌兒音五兮反郎兵迎戰漢軍退卻續漢書曰南䜌賊迎擊上營得上鼓車輜重數乘也丹等縱突騎擊大破之追奔十餘里死傷者從横丹還世祖謂曰吾聞突騎天下精兵今乃見其戰樂可言邪遂從征河北世祖卽位㠯讖文用平狄將軍孫咸行大司馬衆咸不悅詔舉可爲大司馬者東觀記曰載讖文曰孫咸征狄也羣臣所推唯吳漢及丹帝曰景將軍北州大將是其人也然吳將軍有建大策之勳謂發漁陽兵也又誅苗幽州謝尚書其功大苗曾謝躬舊制驃騎將軍官與大司馬相兼也前書武帝置大司馬號大將軍驃騎將軍也乃㠯吳漢爲大司馬而拜丹爲驃騎大將軍建武二年定封丹櫟陽侯帝謂丹曰今關東故王國雖數縣不過櫟陽萬戸邑夫富貴不歸故鄉如衣繡夜行故㠯封卿耳前書武帝

謂朱買臣之詞丹頓首謝秋與吳漢建威大將軍耿弇建義大將軍朱祜執金吾賈復偏將軍馮異强弩將軍陳俊左曹王常騎都尉臧宮等從擊破五校於羛陽聚名也解見光武紀降其眾五萬人會陝賊蘇況攻破弘農生獲郡守丹時病東觀記曰丹從上至懷病瘧見上在前瘧發寒慄上笑曰聞壯士不病瘧今漢大將軍反病瘧邪使小黃門扶起賜醫藥還歸洛陽病遂加帝以其舊將欲令强起領郡事乃夜召入謂曰賊迫近京師但得將軍威重臥以鎮之足矣丹不敢辭乃力疾拜命將營到郡續漢書曰將營兵西到弘農也十餘日薨子尚嗣徙封余吾侯余吾縣名屬上黨故城在今潞州屯留縣西北尚卒子苞嗣苞卒子臨嗣無子國絕永初七年鄧太后紹封苞弟遽爲監亭侯

王梁字君嚴漁陽安陽人也爲郡吏太守彭寵以梁守狐奴令與蓋延吳漢俱將兵南及世祖於廣阿拜偏將軍既拔邯鄲賜爵關內侯從平河北拜野王令與河內太守寇恂南拒洛陽北守天井

關朱鮪等不敢出兵世祖以爲梁功及卽位議選大司空而赤伏符曰王梁主衞作玄武（玄武北方之神龜蛇合體）帝以野王衞之所徙（史記曰衞元君自濮陽徙於野王）玄武水神之名司空水土之官也於是擢拜梁爲大司空封武彊侯建武二年與大司馬吳漢等俱擊檀鄉有詔軍事一屬大司馬而梁輒發野王兵帝以其不奉詔勑令止在所縣而梁復以便宜進軍帝以梁前後違命大怒遣尚書宗廣持節軍中斬梁廣不忍乃檻車送京師既至赦之月餘以爲中郎將行執金吾事北守箕關擊赤眉別校降之三年春轉擊五校追至信都趙國破之悉平諸屯聚冬遣使者持節拜梁前將軍四年春擊肥城文陽拔之（肥城縣名屬太山郡故城在今濟州平陰縣東南文音汶故城在今兖州泗水縣西）進與驃騎大將軍杜茂擊佼彊蘇茂於楚沛閒拔大梁齧桑（前書音義曰齧桑縣名或曰城名史記張儀與齊楚會戰齧桑）而捕虜將軍馬武偏將軍王霸亦分道並進歲餘悉平之五年從救桃城破龐萌等梁戰

尤力拜山陽太守鎮撫新附將兵如故數月徵入代歐陽歙爲河南尹梁穿渠引穀水注洛陽城下東寫鞏川及渠成而水不流七年有司劾奏之梁慙懼上書乞骸骨乃下詔曰梁前將兵征伐衆人稱賢故擢典京師建議開渠爲人興利旅力既愆迄無成功（旅衆也愆過也言衆力已過而功不成）百姓怨讟談者讙譁（讟謗也）雖蒙寬宥猶執謙退君子成人之美（論語載孔子之言也）其以梁爲濟南太守十三年增邑定封阜成侯（阜成屬渤海今冀州縣）十四年卒官子禹嗣禹卒子堅石嗣堅石追坐父禹及弟平與楚王英謀反棄市國除

杜茂字諸公南陽冠軍人也初歸光武於河北爲中堅將軍常從征伐世祖卽位拜大將軍封樂鄉侯（樂鄉屬信都國）北擊五校於眞定進降廣平建武二年更封苦陘侯與中郎將王梁擊五校賊於魏郡清河東郡悉平諸營保降其持節大將三十餘人（續漢書曰降其渠帥大將軍杜猛持節光祿大夫董敦等

三郡清靜道路流通明年遣使持節拜茂爲驃騎大將軍擊沛郡拔芒芒縣名也郡國志曰後名臨睢屬沛國時西防復反迎佼彊五年春茂率捕虜將軍馬武進攻西防數月拔之彊奔董憲東方既平七年詔茂引兵北屯田晉陽廣武以備胡寇廣武縣名屬太原郡九年與鴈門太守郭涼擊盧芳將尹由於繁時繁時縣名今代州縣也芳將賈覽率胡騎萬餘救之茂戰軍敗引入樓煩城樓煩縣名屬鴈門郡故城在今代州崞縣東北崞音郭時盧芳據高柳與匈奴連兵數寇邊民帝患之十二年遣謁者段忠將衆郡弛刑配茂鎮守北邊因發邊卒築亭候修烽火又發委輸金帛繒絮供給軍士并賜邊民冠蓋相望茂亦建屯田驢車轉運先是鴈門人賈丹霍匡解勝等爲尹由所略由以爲將帥與共守平城丹等聞芳敗遂共殺由詣郭涼涼上狀皆封爲列侯詔送委輸金帛賜茂涼軍吏及平城降民自是盧芳城邑稍稍來降涼誅其豪右郇氏之屬鎮撫羸弱旬月間

鴈門且平芳遂亡入匈奴帝擢涼子爲中郎宿衛左右涼字公文右北平人也身長八尺氣力壯猛雖武將然通經書多智略尤曉邊事有名北方初幽州牧朱浮辟爲兵曹掾擊彭寵有功封廣武侯十三年增茂邑更封脩侯脩縣名屬信都國也十五年坐斷兵馬稟縑斷猶割截也使軍吏殺人免官削戶邑定封參蘧鄉侯十九年卒子元嗣永平十四年坐與東平王等謀反滅死一等國除永初七年鄧太后紹封茂孫奉爲安樂亭侯

馬成字君遷南陽棘陽人也少爲縣吏世祖徇潁川以成爲安集掾調守郟令郟縣名今汝州縣也及世祖討河北成即棄官步負追及於蒲陽以成爲期門從征伐世祖即位再遷護軍都尉建武四年拜揚武將軍督誅虜將軍劉隆振威將軍宋登射聲校尉王賞發會稽丹陽九江六安四郡兵擊李憲時帝幸壽春設壇場祖禮遣之應劭風俗通曰

謹按禮傳共工氏之子曰修好遠游舟車所至足跡所逮靡不窮覽故祀以爲祖神祖徂也進圍憲於舒令諸軍各深溝高壘憲數挑戰成堅壁不出守之歲餘至六年春城中食盡乃攻之遂屠舒斬李憲追擊其黨與盡平江淮地七年夏封平舒侯平舒屬代郡八年從征破隗囂以成爲天水太守將軍如故冬徵還京師九年代來歙守中郎將率武威將軍劉尚等破河池遂平武都河池縣一名仇池屬武都郡今鳳州縣也明年大司空李通罷以成行大司空事居府如眞數月復拜揚武將軍十四年屯常山中山以備北邊并領建義大將軍朱祜營又代驃騎大將軍杜茂繕治障塞自西河至渭橋西河今勝州富昌縣也渭橋本名橫橋在今咸陽縣東南河上至安邑前書曰河上地名故秦內史高帝二年改爲河上郡武帝分爲左馮翊太原至井陘太原今并州也井陘今屬常山郡常山今恒州縣也中山至鄴皆築保壁起烽燧十里一候在事五六年帝以成勤勞徵還京師邊人多上書求請者復遣成還屯及南單于保塞北方無事拜爲中山太守上將軍印綬領屯兵如故二十四年南

擊武谿蠻賊無功武谿水在今辰州盧谿縣西上太守印綬二十七年定封全椒侯全椒縣名今滁州縣也就國三十二年卒子衞嗣衞卒子香嗣徙封棘陵侯香卒子豐嗣豐卒子玄嗣玄卒子邑嗣邑卒子醜嗣桓帝時以罪失國延熹二年帝復封成玄孫昌爲益陽亭侯

劉隆字元伯南陽安衆侯宗室也王莽居攝中隆父禮與安衆侯崇起兵誅莽事泄隆以年未七歲故得免及壯學於長安更始拜爲騎都尉謁歸謁請也謂請假歸也迎妻子置洛陽聞世祖在河內卽追及於射犬以爲騎都尉與馮異共拒朱鮪李軼等軼遂殺隆妻子建武二年封亢父侯亢父縣名屬東平國故城在今兗州任城縣南四年拜誅虜將軍討李憲憲平遣隆屯田武當武當今均州縣也十一年守南郡太守歲餘上將軍印綬十三年增邑更封竟陵侯是時天下墾田多不以實又戶口年紀互有增減十五年詔下州郡檢覈其事而刺史太守多不平均或優饒

豪右侵刻羸弱百姓嗟怨遮道號呼時諸郡各遣使奏事帝見陳留吏牘上有書視之云潁川弘農可問河南南陽不可問帝詰吏由趣吏不肯服抵言於長壽街上得之（抵欺也）帝怒時顯宗爲東海公年十二在幄後言曰吏受郡敕當欲以墾田相方耳帝曰卽如此何故言河南南陽不可問對曰河南帝城多近臣南陽帝鄉多近親田宅踰制不可爲準帝令虎賁將詰問吏吏乃實首服如顯宗對於是遣謁者考實具知姦狀明年隆坐徵下獄其疇輩十餘人皆死帝以隆功臣特免爲庶人明年復封爲扶樂鄉侯以中郎將副伏波將軍馬援擊交阯蠻夷徵側等隆別於禁谿口破之（交阯郡麊泠縣有金溪穴相傳音訛謂之禁溪則徵側等所敗處也其地今安州新昌縣也麊音麋泠音零）獲其帥徵貳（徵側之妹）斬首千餘級降者二萬餘人還更封大國爲長平侯（長平縣屬汝南郡）及大司馬吳漢薨隆爲驃騎將軍行大司馬事隆奉法自守視事八歲上將軍印綬罷賜

養牛上樽酒十斛前書音義曰稻米一斗得酒一斗爲上樽稷米一斗爲中樽粟米一斗爲下樽也以列侯奉朝請三十年定封慎侯慎縣名屬汝南郡也中元二年卒諡曰靖侯子安嗣

傅俊字子衞潁川襄城人也世祖徇襄城俊以縣亭長迎軍拜爲校尉襄城收其母弟宗族皆滅之從破王尋等東觀記曰傅俊從上迎擊王尋等於陽關漢兵反走還汝水上上以手飲水澡盥鬚眉塵垢謂俊曰今日罷倦甚諸卿寧憊耶以爲偏將軍別擊京密破之遣歸潁川收葬家屬及世祖討河北俊與賓客十餘人北追及於邯鄲上謁世祖使將潁川兵常從征伐世祖即位以俊爲侍中建武二年封昆陽侯三年拜俊積弩將軍與征南大將軍岑彭擊破秦豐因將兵徇江東揚州悉定七年卒諡曰威侯子昌嗣徙封蕪湖侯蕪湖縣名屬丹陽郡建初中遭母憂因上書以國貧不願之封乞錢五十萬爲關內侯肅宗怒貶爲關內侯竟不賜錢永初七年鄧太后復封昌子鐵爲高置亭侯

堅鐔字子伋東觀記伋作皮潁川襄城人也爲郡縣吏世祖討河北或薦鐔者因得召見以其吏能署主簿又拜偏將軍從平河北別擊破大搶於盧奴世祖卽位拜鐔揚化將軍封㶏強侯㶏強縣名屬汝南郡㶏音於靳反與諸將攻洛陽而朱鮪別將守東城者爲反閒私約鐔晨開上東門上東門洛陽故城東面北頭第一門也鐔與建義大將軍朱祜乘朝而入與鮪大戰武庫下洛陽記曰建始殿東有太倉倉東有武庫藏兵之所殺傷甚眾至旦食乃罷朱鮪由是遂降又別擊內黃平之建武二年與右將軍萬脩徇南陽諸縣而堵鄉人董訢反宛城獲南陽太守劉驎鐔乃引軍赴宛選敢死士夜自登城斬關而入訢遂棄城走還堵鄉鄧奉復反新野攻破吳漢時萬脩病卒鐔獨孤絕南拒鄧奉北當董訢一年閒道路隔塞糧饋不至鐔食蔬菜與士卒共勞苦每急輒先當矢石石謂發石以投人也墨子曰備城者積石百枚重十鈞已上者身被三創以此能全其眾及帝征南陽擊破訢奉以鐔爲左曹常從征

伐六年定封合肥侯二十六年卒子鴻嗣鴻卒子浮嗣浮卒子雅嗣

馬武字子張南陽湖陽人也少時避讎客居江夏王莽末竟陵西陽三老起兵於郡界武往從之從入綠林中遂與漢軍合更始立以武爲侍郎與世祖破王尋等拜爲振威將軍與尚書令謝躬共攻王郎及世祖拔邯鄲請躬及武等置酒高會因欲以圖躬不剋旣罷獨與武登叢臺故趙王臺也在今潞州邯鄲城中從容謂武曰吾得漁陽上谷突騎欲令將軍將之何如武曰駑怯無方略世祖曰將軍久將習兵豈與我掾史同哉武由是歸心及謝躬誅死武馳至射犬降世祖見之甚悅引置左右每勞饗諸將武輒起斟酌於前世祖以爲歡復使將其部曲至鄴武叩頭辭以不願世祖愈美其意因從擊羣賊世祖擊尤來五幡等敗於愼水武獨殿還陷陣故賊不得迫及

殿鎮後也音丁殿反言兵敗而鎮其後也進至安定次小廣陽即廣平亭也在今幽州范陽縣西南以有廣陽國故謂此亭爲小廣陽也武常爲軍鋒力戰無前諸將皆引而隨之故遂破賊窮追至平谷浚靡而還平谷縣名屬漁陽郡浚靡縣名屬右北平郡靡音糜世祖即位以武爲侍中騎都尉封山都侯建武四年與虎牙將軍蓋延等討劉永武別擊濟陰下成武楚丘拜捕虜將軍明年龐萌反攻桃城武先與戰破之會車駕至萌遂敗走六年夏與建威大將軍耿弇西擊隗囂漢軍不利引下隴囂追急武選精騎還爲後拒身被甲持戟奔擊殺數千人囂兵乃退諸軍得還長安十三年增邑更封鄃侯鄃縣名屬平原郡故城在今德州平原縣西南鄃音俞將兵北屯下曲陽備匈奴坐殺軍吏受詔將妻子就國武徑詣洛陽上將軍印綬削戶五百定封爲揚虛侯因留奉朝請帝後與功臣諸侯讌語從容言曰諸卿不遭際會自度爵祿何所至乎高密侯禹先對曰臣少嘗學問可郡文學博士帝曰何言之謙乎卿鄧氏子志

行修整何爲不掾功曹餘各目次對至武曰臣目武勇可守尉督盜賊帝笑曰且勿爲盜賊自致亭長斯可矣武爲人嗜酒闊達敢言（闊達大度也敢言謂言果敢而無所隱也）時醉在御前面折同列言其短長無所避忌帝故縱之目爲笑樂帝雖制御功臣而每能回容宥其小失（回曲也曲法以容也）遠方貢珍甘必先徧賜列侯而太官無餘有功輒增邑賞不任目吏職故皆保其福祿終無誅譴者二十五年武目中郎將將兵擊武陵蠻夷還上印綬顯宗初西羌寇隴右覆軍殺將朝廷患之復拜武捕虜將軍目中郎將王豐副與監軍使者竇固右輔都尉陳訢將烏桓黎陽營三輔募士（光武置黎陽營見鄧訓傳）涼州諸郡羌胡兵及弛刑合四萬人擊之到金城浩亹與羌戰（浩亹縣名屬金城郡故城在今蘭州廣武縣西南浩音誥亹音門）斬首六百級又戰於洛都谷爲羌所敗（湟水一名洛都水西自吐谷渾界入在今鄯州湟水縣）死者千餘人羌乃率眾引出塞武復追擊到東西邯大破之（酈元水經注曰邯川城左右有水自北出南經邯亭注于河蓋

以此水分流謂之東西邯也在今鄚州化陰縣東斬首四千六百級獲生口千六百人餘皆降散
武振旅還京師增邑七百戶并前千八百戶永平四年卒子檀嗣
坐兄伯濟與楚王英黨顏忠謀反國除永初七年鄧太后紹封武
孫震爲漻亭侯漻音胡巧又力彫反震卒子側嗣
論曰中興二十八將前世以爲上應二十八宿未之詳也然咸能
感會風雲奮其智勇風雲已具聖公傳稱爲佐命亦各志能之士也易通卦驗曰黃佐命鄭玄
注曰黃者火之子佐命張良是也已上皆華嶠之辭議者多非光武不以功臣任職至使英姿茂績
委而勿用然原夫深圖遠筭固將有以焉爾若乃王道既衰降及
霸德王謂周也霸謂齊桓晉文公猶能授受惟庸勳賢皆序如管隰之迭升桓世先
趙之同列文朝可謂兼通矣史記曰管仲隰朋修齊國之政齊人皆悅事之管子曰管仲寢疾桓公問之若不可諱政將安移之對曰隰朋
可國語云文公使趙衰爲卿辭曰先軫有謀臣不若也乃使先軫佐下軍公曰趙衰其所讓皆社稷之衛也降自秦漢世資戰力至於翼
扶王運皆武人屈起屈起猶勃起也音其勿反亦有鬻繒屠狗輕猾之徒灌嬰睢陽販繒者樊噲沛

人以屠狗爲事皆從高祖或崇以連城之賞或任以阿衡之地樊噲封爲舞陽侯灌嬰爲丞相封爲潁陰侯阿倚也衡平也言天下依倚而取平也故埶疑則隙生力侔則亂起勢位過則君臣相疑侔等也蕭樊且猶縲紲信越終見菹戮不其然乎蕭何爲丞相爲人請上林中空地上大怒乃下廷尉械繫之燕王盧綰反樊噲以相國擊燕人有惡噲黨於呂氏帝大怒使陳平即軍中斬噲平畏呂氏執噲詣長安韓信封爲淮陰侯人上書告信反呂后使武士縛信斬之彭越爲梁王呂后令其舍人告越謀反遂夷宗族刑法志曰夷三族者梟其首菹其骨肉彭越韓信皆受此誅自茲以降迄于孝武宰輔五世莫非公侯自高祖至于孝武凡五代也其中宰輔皆以公侯勳貴爲之遂使縉紳道塞賢能蔽壅縉赤色也紳帶也或作搢搢插也謂插笏於帶也朝有世及之私下多抱關之怨世及謂父子相繼也禮記曰大人世及以爲禮抱關謂守門者前書曰蕭望之署小苑東門候王仲翁謂望之曰不肯碌碌反抱關爲其懷道無聞委身草莽者亦何可勝言故光武鑒前事之違存矯枉之志矯正也違失也枉曲也孟子曰矯枉者過其正雖寇鄧之高勳耿賈之鴻烈分土不過大縣數四所加特進朝請而已鄧禹爲大司徒封高密侯食邑四縣耿弇好畤侯食邑二縣奉朝請賈復封膠東侯凡食六縣以列侯加特進觀其治平臨政課職責咎將所謂導之以政齊之以刑者乎論語曰導之以政齊之以刑人免而無恥若格之功臣其傷已甚格正也若以上法繩正功臣則於其有害也何者直繩則虧喪恩舊撓

情則違廢禁典選德則功不必厚舉勞則人或未賢參任則羣心難塞並列則其儌未遠 參任謂兼勳賢而任之則羣臣之心各有覬望故難塞也若遵高祖並用功臣則其儌未遠 不得不校其勝否即㠯事相權 勝否猶可否即就也權謂平其輕重 故高秩厚禮允荅元功峻文深憲責成吏職建武之世侯者百餘若夫數公者則與參國議分均休咎 賈復傳曰帝方以吏事責三公故功臣遂不用是時列侯唯高密固始膠東三侯與公卿參議國家大事恩遇甚厚也 其餘並優㠯寬科完其封祿莫不終㠯功名延慶于後昔留侯㠯為高祖悉用蕭曹故人 前書曰上望見諸將往往偶語張良曰此謀反耳陛下起布衣為天子而所封皆蕭曹故人耳相聚謀反也見高紀 而郭伋亦譏南陽多顯 郭伋傳曰光武以伋為并州牧帝引見伋因言選補眾職當簡天下賢俊不宜專用南陽人也帝深納其言 鄭興又戒功臣專任 鄭興傳曰興徵為太中大夫上疏曰道路咸曰朝廷欲用功臣功臣用則人位謬矣 夫崇恩偏授易起私溺之失至公均被必廣招賢之路意者不其然乎永平中顯宗追感前世功臣乃圖畫二十八將於南宮雲臺其外又有王常李通竇融卓茂合三十二人故依其本第係之篇末以志功臣之次云爾

太傅高密侯鄧禹　中山太守全椒侯馬成
大司馬廣平侯吳漢　河南尹阜成侯王梁
左將軍膠東侯賈復　琅邪太守祝阿侯陳俊
建威大將軍好畤侯耿弇　驃騎大將軍參蘧侯杜茂
執金吾雍奴侯寇恂　積弩將軍昆陽侯傅俊
征南大將軍舞陽侯岑彭　左曹合肥侯堅鐔
征西大將軍陽夏侯馮異　上谷太守淮陽侯王霸
建義大將軍鬲侯朱祐　信都太守阿陵侯任光
征虜將軍潁陽侯祭遵　豫章太守中水侯李忠
驃騎大將軍櫟陽侯景丹　右將軍槐里侯萬修
虎牙大將軍安平侯蓋延　太常靈壽侯邳彤
衛尉安成侯銚期　驍騎將軍昌成侯劉植

東郡太守東光侯耿純　橫野大將軍山桑侯王常
城門校尉朗陵侯臧宮　大司空固始侯李通
捕虜將軍揚虛侯馬武　大司空安豐侯竇融
驃騎將軍慎侯劉隆　太傅宣德侯卓茂

贊曰：帝績思乂，庸功是存。庸，勳也。言將與帝績，則念勳功之臣也。有來羣后，捷我戎軒。捷，勝也。謂寇鄧之徒翼佐王烈，戎車所至皆克捷也。婉孌龍姿，儷景同翻。婉孌猶親愛也。龍姿謂光武也。儷，齊也，偶也。言諸將齊景翻飛而舉大功也。

朱景王杜馬劉傅堅馬列傳第十二　後漢書二十二

竇融列傳第十三 弟子固 曾孫憲 玄孫章　　後漢書二十三

唐章懷太子賢注

竇融字周公扶風平陵人也七世祖廣國孝文皇后之弟封章武侯（章武縣屬勃海郡故城在今滄州魯縣也）融高祖父宣帝時吕吏二千石自常山徙焉融早孤王莽居攝中爲强弩將軍司馬（强弩將軍即莽明義侯王俊）東擊翟義還攻槐里（槐里趙明霍鴻等起兵以應翟義王邑等破義還合軍擊明鴻等滅之融時隨其軍也見前書）吕軍功封建武男（東觀記續漢書並云盛武男）女弟爲大司空王邑小妻家長安中出入貴戚連結閭里豪傑吕任俠爲名然事母兄養弱弟内修行義王莽末青徐賊起太師王匡（匡王舜之子）請融爲助軍與共東征及漢兵起融復從王邑敗於昆陽下歸長安漢兵長驅入關王邑薦融拜爲波水將軍（前書音義曰波水在長安南）賜黃金千斤引兵至新豐莽敗融吕軍降更始大司馬趙萌萌吕爲校尉甚重之薦融爲鉅鹿太守融見更始新立東方尚擾不欲出關而高

祖父嘗爲張掖太守從祖父爲護羌校尉從弟亦爲武威太守累世在河西知其土俗獨謂兄弟曰天下安危未可知河西殷富帶河爲固張掖屬國精兵萬騎漢邊郡皆置屬國一旦緩急杜絕河津足以自守此遺種處也遺畱也可以保全不畏絕滅兄弟皆然之融於是日往守萌守猶求也辭讓鉅鹿圖出河西圖謀也萌爲言更始乃得爲張掖屬國都尉融大喜卽將家屬而西既到撫結雄傑懷輯羌虜輯和也甚得其歡心河西翕然歸之是時酒泉太守梁統金城太守庫鈞前書音義曰庫姓卽倉庫吏後也今羌中有姓庫音舍云承鈞之後也張掖都尉史苞三輔決錄注苞字叔文茂陵人也酒泉都尉竺曾敦煌都尉辛彤並州郡英俊融皆與爲厚善及更始敗融與梁統等計議曰今天下擾亂未知所歸河西斗絕在羌胡中斗峻絕也前書曰成山斗入海不同心勠力勠并力也則不能自守權鈞力齊復無以相率當推一人爲大將軍共全五郡觀時變動議既定而各謙讓咸以融世任河西爲吏人所敬向乃推

融行河西五郡大將軍事是時武威太守馬期張掖太守任仲並
孤立無黨乃共移書告示之二人卽解印綬去於是以梁統爲武
威太守史苞爲張掖太守竺曾爲酒泉太守辛彤爲敦煌太守庫
鈞爲金城太守融居屬國領都尉職如故置從事監察五郡河西
民俗質樸而融等政亦寬和上下相親晏然富殖修兵馬習戰射
明烽燧之警羌胡犯塞融輒自將與諸郡相救皆如符要（赴敵不失期契也）
每輒自破之其後匈奴懲乂（懲創也說文云乂亦懲也）稀復侵寇而保塞羌胡皆震
服親附安定北地上郡流人避凶飢者歸之不絕融等遙聞光武
卽位而心欲東向以河西隔遠未能自通時隗囂先稱建武年號
融等從受正朔囂皆假其將軍印綬囂外順人望內懷異心使辯
士張玄游說河西曰更始事業已成尋復亡滅此一姓不再興之
效今卽有所主便相係屬一旦拘制自令失柄後有危殆雖悔無

及今豪傑競逐雌雄未決[項羽謂高祖曰願與沛公決雌雄]當各據其土宇與隴蜀合從[前書音義曰以利合爲從以威勢相脅曰橫]高可爲六國下不失尉佗[佗姓趙眞定人也陳勝起佗行南海尉遂王有南越故曰尉佗也]融等於是召豪傑及諸太守計議其中智者皆曰漢承堯運[左傳曰陶唐氏既衰其後有劉累學擾龍事孔甲爲御龍氏春秋時晉卿士會卽其後也士會奔秦後歸晉其處者爲劉氏戰國時劉氏自秦獲於魏魏遷大梁都于豐號豐公卽太上皇父也故曰漢承堯運]歷數延長今皇帝姓號見於圖書[謂河圖赤伏符曰劉秀發兵捕不道]自前世博物道術之士谷子雲夏賀良等建明漢有再受命之符言之久矣[前書成帝時谷永上書曰陛下當陽數之標季涉三七之節紀哀帝時夏賀良言赤精子讖漢家歷運中衰當再受命矣]故劉子駿改易名字冀應其占[劉歆以哀帝建平元年改名秀字穎叔冀應符命]及莽末道士西門君惠言劉秀當爲天子遂謀立子駿事覺被殺出謂百姓觀者曰劉秀眞汝主也皆近事暴著[暴露也著見也]智者所共見也除言天命且以人事論之今稱帝者數人而洛陽土地最廣甲兵最強號令最明觀符命而察人事它姓殆未能當也諸郡太守各有賓客或同或異融小心精詳遂決策東向五

年夏遣長史劉鈞奉書獻馬先是帝聞河西完富地接隴蜀常欲招之以逼囂述亦發使遺融書遇鈞於道即與俱還帝見鈞歡甚禮饗畢乃遣令還賜融璽書曰制詔行河西五郡大將軍事屬國都尉勞鎮守邊五郡兵馬精彊倉庫有蓄民庶殷富外則折挫羌胡內則百姓蒙福威德流聞虛心相望道路隔塞邑邑何已長史所奉書獻馬悉至深知厚意今益州有公孫子陽天水有隗將軍方蜀漢相攻權在將軍舉足左右便有輕重（猶蒯通曰與楚即楚勝與漢即漢捷）以此言之欲相厚豈有量哉諸事具長史所見將軍所知王者迭興千載一會（言時難得而易失也）欲遂立桓文輔微國當勉卒功業（周室微弱齊桓晉文輔之以霸天下）欲三分鼎足連衡合從亦宜以時定（蒯通說韓信曰三分天下鼎足而立）天下未幷吾與爾絕域非相吞之國今之議者必有任囂效尉佗制七郡之計（秦胡亥時南海尉任囂病且死召龍川令趙佗語曰番禺負山險阻南北東西數千里頗有中國人相輔此亦一州之主可為國故召公即令行南國尉事地理志曰蒼梧鬱林合浦交阯九眞南海日南皆越之分也）

此爲七郡也效致也流俗本作教者誤也王者有分土無分民自適己事而已今㠯黃金二百斤賜將軍便宜輒言因授融爲涼州牧璽書旣至河西咸驚㠯爲天子明見萬里之外網羅張立一作立之情融卽復遣鈞上書曰臣融竊伏自惟幸得託先后末屬蒙恩爲外戚累世二千石至臣之身復備列位假歷將帥假猶濫也守持一隅㠯委質則易爲辭㠯納忠則易爲力書不足㠯深達至誠故遣劉鈞口陳肝膽自㠯底裏上露長無纖介底裏皆露言無藏隱而璽書盛稱蜀漢二主三分鼎足之權任囂尉佗之謀竊自痛傷臣融雖無識猶知利害之際順逆之分豈可背眞舊之主事姦僞之人廢忠貞之節爲傾覆之事棄已成之基求無冀之利此三者雖問狂夫猶知去就而臣獨何㠯用心謹遣同產弟友詣闕口陳區區友至高平高平今涼州縣也會囂反叛道絕馳還遣司馬席封閒行通書東觀記及續漢書席皆作虞字帝復遣席封賜融友書所㠯尉藉之

甚備（尉藉解見隗囂傳）融旣深知帝意乃與隗囂書責讓之曰伏惟將軍國富政修士兵懷附親遇阸會之際國家不利之時（謂漢遭王莽篡奪也）守節不回（回邪也）承事本朝後遣伯春（囂子恂之字也）委身於國無疑之誠於斯有効融等所以欣服高義願從役於將軍者良爲此也而忿悁之閒（悁恚也）改節易圖君臣分爭上下接兵（言違背光武也）委成功造難就（委棄也）去從義爲横謀（去從背山東也爲横逼西蜀也）百年累之一朝毁之豈不惜乎殆執事者貪功建謀以至於此（言隗囂執政事者貪佇其功而立此逆謀也）融竊痛之當今西州地埶局迫人兵離散易以輔人難以自建計若失路不反聞道猶迷（淮南子曰通於道者如車軸不運於己而與轂致數千里不通於道者若迷惑告以東西南北然猶復迷惑矣）不南合子陽則北入文伯耳（文伯盧芳也）夫負虛交而易强禦恃遠救而輕近敵（負亦恃也易輕也恃公孫述而輕光武也易音以豉反）未見其利也融聞智者不危衆以舉事仁者不違義以要功今以小敵大於衆何如（言危衆也）棄子徼功於義何如（言違義也）且初事本朝稽首北面忠臣節也（稽首拜天

子禮也禮君南嚮答陽之義臣北面答君也）及遣伯春垂涕相送慈父恩也俄而背之謂吏士何忍而棄之謂留子何（留子謂見在之子對伯春故曰留也）自起兵㠯來轉相攻擊城郭皆爲丘墟生人轉於溝壑今其存者非鋒刃之餘則流亡之孤迄今傷痍之恥未愈哭泣之聲尚聞幸賴天運少還而大將軍復重於難是使積痾不得遂瘳幼孤將復流離其爲悲痛尤足愍傷言之可爲酸鼻（宋玉曰孤子寡婦寒心酸鼻）庸人且猶不忍況仁者乎融聞爲忠甚易得宜實難（左傳曰忠爲令德非其人猶不可況不令乎）憂人大過㠯德取怨（詩曰不以我爲德反以我爲讎）知且㠯言獲罪也區區所獻唯將軍省焉囂不納融乃與五郡太守共砥厲兵馬上疏請師期帝深嘉美之乃賜融㠯外屬圖及太史公五宗外戚世家（景帝子十三人爲王而母五人同母者爲一宗故曰五宗言景帝以竇氏所生而致子孫衆多也）魏其侯列傳（竇嬰太后從兄子也封魏其侯魏其縣屬琅邪郡）詔報曰每追念外屬孝景皇帝出自竇氏（出生也爾雅曰男子謂姊妹之子曰出）定王景帝之子朕之所祖昔魏其一言繼統㠯正（梁孝王景帝弟也亦竇太后所生梁王朝因昆

弟燕飲是時景帝未立太子酒酣帝從容曰千秋之後傳梁王太后驩竇嬰引卮酒進上曰天下者高祖天下父子相傳漢之約也帝何以得傳梁王帝遂止矣長君少君尊奉師傅長君竇太后兄也少君太后弟廣國之字也絳灌等以兩人所出微為擇師傅長者有節行者與居長君少君由此為退讓君子不以富貴驕人見前書修成淑德施及子孫施延也音羊豉反此皇太后神靈上天祐漢也從天水來者寫將軍所讓隗囂書痛入骨髓畔臣見之當股慄慙愧忠臣則酸鼻流涕義士則曠若發矇說文曰曠明也有眸子而無見曰矇前書揚雄曰乃今日發矇廓然光照矣非忠孝慤誠孰能如此說文曰慤謹也慤或作愨豈其德薄者所能克堪囂自知失河西之助族禍將及欲設閒離之說亂惑真心轉相解搆相解說而結搆以成其姦又京師百僚不曉國家及將軍本意多能採取虛偽誇誕妄談令忠孝失望傳言乖實毀譽之來皆不徒然不可不思今關東盜賊已定大兵今當悉西將軍其抗厲威武以應期會融被詔卽與諸郡守將兵入金城初更始時先零羌封何諸種殺金城太守居其郡隗囂使使賂遺封何與其結盟欲發其衆融等因軍出進擊封何大

破之斬首千餘級得牛馬羊萬頭穀數萬斛因並河揚威武並音蒲浪反伺候車駕時大兵未進融乃引還帝以融信效著明益嘉之詔右扶風修理融父墳塋祠以太牢數馳輕使致遺四方珍羞梁統乃使人刺殺張玄遂與囂絕皆解所假將軍印綬七年夏酒泉太守竺曾以弟報怨殺人而去郡東觀記曰曾弟嬰報怨殺屬國侯王胥等曾慙而去郡融承制拜曾為武鋒將軍更以辛肜代之秋隗囂發兵寇安定帝將自西征之先戒融期會遇雨道斷且囂兵已退乃止融至姑臧姑臧縣名屬武威郡今涼州縣也西河舊事曰涼州城昔匈奴故蓋臧城後人音訛名姑臧也被詔罷歸融恐大兵遂久不出乃上書曰隗囂聞車駕當西臣融東下士眾騷動計且不戰囂將高峻之屬皆欲逢迎大軍後聞兵罷峻等復疑囂揚言東方有變西州豪傑遂復附從囂又引公孫述將令守突門突門守城之門墨子曰城百步為一突門也臣融孤弱介在其間杜預注左傳云介猶閒也雖承威靈宜速救助國家當其前臣融促其後緩急迭用

首尾相資䝸勢排迮（排迮謂蹙迫也）不得進退此必破也若兵不早進久生持疑則外長寇讎內示困弱復令讒邪得有因緣臣竊憂之惟陛下哀憐帝深美之八年夏車駕西征隗囂融率五郡太守及羌虜小月氏等（小月氏西胡國名）步騎數萬輜重五千餘兩與大軍會高平第一（高平今原州縣郡國志云高平有第一城）融先遣從事問會見儀適（儀適猶言儀注也）是時軍旅代興諸將與三公交錯道中或背使者交私語帝聞融先問禮儀甚善之以宣告百僚乃置酒高會引見融等待以殊禮拜弟友為奉車都尉從弟士太中大夫遂共進軍囂眾大潰城邑皆降帝高融功下詔以安豐陽泉蓼安安風四縣（四縣並屬廬江郡安豐今壽州縣也故城在今霍山縣西北安風本漢六安國及陽泉故城並在今安豐縣南杜預注左傳曰蓼在今安豐蓼音了）封融為安豐侯弟友為顯親侯（顯親縣故城在今秦州成紀縣東南也）遂以次封諸將帥武鋒將軍竺曾為助義侯武威太守梁統為成義侯張掖太守史苞為褒義侯金城太守庫鈞為輔義侯酒泉太守辛彤

爲扶義侯封爵既畢乘輿東歸悉遣融等西還所鎮融㠯兄弟並受爵位久專方面懼不自安數上書求代詔報曰吾與將軍如左右手耳（韓信亡蕭何自追之人曰丞相何亡高祖聞之如失左右手耳見前書）數執謙退何不曉人意勉循士民無擅離部曲及隴蜀平詔融與五郡太守奏事京師官屬賓客相隨駕乘千餘兩馬牛羊被野融到詣洛陽城門上涼州牧張掖屬國都尉安豐侯印綬詔遣使者還侯印綬引見就諸侯位賞賜恩寵傾動京師數月拜爲冀州牧十餘日又遷大司空融自㠯非舊臣一旦入朝在功臣之右每召會進見容貌辭氣卑恭已甚帝㠯此愈親厚之融小心久不自安數辭讓爵位因侍中金遷口達至誠（金遷安上之曾孫安上日磾弟倫之子遷哀帝時爲尚書令見前書）又上疏曰臣融年五十三有子年十五質性頑鈍臣融朝夕教導㠯經藝不得令觀天文見讖記誠欲令恭肅畏事恂恂循道不願其有才能何況乃當傳㠯連城廣土享

故諸侯王國哉因復請間求見帝不許後朝罷逡巡席後帝知欲有讓遂使左右傳出它日會見迎詔融曰日者知公欲讓職還土日者猶往日也故命公暑熱且自便今相見宜論他事勿得復言融不敢重陳請二十年大司徒戴涉坐所舉人盜金下獄帝以三公參職不得已乃策免融明年加位特進二十三年代陰興行衛尉事特進如故又兼領將作大匠弟友爲城門校尉兄弟並典禁兵融復乞骸骨說苑曰晏子任東阿乞骸骨以避賢者之路輒賜錢帛太官致珍奇及友卒帝愍融年衰遣中常侍中謁者卽其卧內強進酒食融長子穆尙內黃公主代友爲城門校尉穆子勳尙東海恭王彊女沘陽公主友子固亦尙光武女涅陽公主顯宗卽位以融從兄子林爲護羌校尉竇氏一公兩侯三公主四二千石一公大司空也兩侯安豐顯親也四二千石衛尉城門校尉護羌校尉中郎將皆相與並時自祖及孫官府邸第相望京邑奴婢以千數於親戚功臣中莫與

爲比永平二年林㠯罪誅事在西羌傳帝由是數下詔切責融戒㠯竇嬰田蚡禍敗之事（田蚡武帝王皇后異父弟也爲丞相搆會竇嬰之罪使至誅戮事見前書）融惶恐乞骸骨詔令歸第養病歲餘聽上衛尉印綬賜養牛上樽酒融在宿衛十餘年年老子孫縱誕多不法穆等遂交通輕薄屬託郡縣干亂政事㠯封在安豐欲令姻戚悉據故六安國遂矯稱陰太后詔令六安侯劉盱去婦因㠯女妻之五年盱婦家上書言狀帝大怒乃盡免穆等官諸竇爲郎吏者皆將家屬歸故郡獨留融京師穆等西至函谷關有詔悉復追還會融卒時年七十八謚曰戴侯賻送甚厚帝㠯穆不能修尚（不能修整自高尚也）而擁富貴居大第常令謁者一人監護其家居數年謁者奏穆父子自失埶數出怨望語帝令將家屬歸本郡唯勳㠯泚陽主壻留京師穆坐賂遺小吏郡捕繫與子宣俱死平陵獄勳亦死洛陽獄久之詔還融夫人與小孫一人居洛陽

家舍十四年封勳弟嘉爲安豐侯食邑二千戸奉融後和帝初爲少府及勳子大將軍憲被誅免就國嘉卒子萬全嗣萬全卒子會宗嗣萬全弟子武別有傳

論曰竇融始以豪俠爲名拔起風塵之中拔音步末反拔卒也亦音蒲八反義兩通以投天隙投會天之間隙遂蟬蛻王侯之尊說文曰蟬蛻所解皮也言去微至貴也蛻音稅終膺卿相之位此則微功趣埶之士也及其爵位崇滿至乃放遠權寵恂恂似若不能已者又何智也言融之心實欲去權貴以帝不納故常恂恂恭順似若不得已然者也嘗獨詳味此子之風度雖經國之術無足多談而進退之禮良可言矣

固字孟孫少以尙公主爲黃門侍郎續漢書曰給事黃門侍郎六百石好覽書傳喜兵法貴顯用事中元元年襲父友封顯親侯顯宗即位遷中郎將監羽林士續漢志曰宣帝命中郎將騎都尉監羽林秩比二千石後坐從兄穆有罪廢于家十餘年時天下乂安帝欲遵武帝故事擊匈奴通西域以固明習邊事固舊隨融在河西曉

知邊事也十五年冬拜爲奉車都尉續漢志曰比二千石掌御乘輿目騎都尉耿忠爲副忠弇子也謁者僕射耿秉爲駙馬都尉秦彭爲副皆置從事司馬並出屯涼州明年固與忠率酒泉敦煌張掖甲卒及盧水羌胡按湟水東經臨羌縣故城北又東盧溪水注之水出西南盧川卽其地也萬二千騎出酒泉塞耿秉秦彭率武威隴西天水募士及羌胡萬騎出居延塞居延塞在今甘州張掖縣東北又太僕祭肜度遼將軍吳棠將河東北地西河羌胡及南單于兵萬一千騎出高闕塞高闕山名在朔方北騎都尉來苗護烏桓校尉文穆將太原鴈門代郡上谷漁陽右北平定襄郡兵及烏桓鮮卑萬一千騎出平城塞固忠至天山卽祁連山也今在西州交河縣東北今名祁縣羅漫山擊呼衍王斬首千餘級呼衍王走追至蒲類海蒲類海今名婆悉海在今庭州蒲昌縣東南也留吏士屯伊吾盧城伊吾今伊州縣也本匈奴地明帝置宜禾都尉以爲屯田故地今伊州納職縣伊吾故小城地是耿秉秦彭絕漠六百餘里至三木樓山匈奴中山名來苗文穆至匈奴河水上虜皆奔走無所獲祭肜吳棠坐不至涿邪山免爲庶人時諸將

唯固有功加位特進明年復出玉門擊西域詔耿秉及騎都尉劉張皆去符傳以屬固專將兵者並有符傳擬合之取信今去符皆受固之節度固遂破白山降車師事已具耿秉傳固在邊數年羌胡服其恩信東觀記曰羌胡見客炙肉未熟人人長跪前割之血流指閒進之于固固輒爲啗不穢賤之是以愛之如父母也肅宗即位以公主修敕慈愛累世崇重加號長公主增邑三千戶徵固代魏應爲大鴻臚帝以其曉習邊事每被訪及建初三年追錄前功增邑一千三百戶七年代馬防爲光祿勳明年復代馬防爲衞尉固久歷大位甚見尊貴賞賜租祿貲累巨億而性謙儉愛人好施士以此稱之章和二年卒謚曰文侯子彪至射聲校尉先固卒無子國除

憲字伯度父勳被誅憲少孤建初二年女弟立爲皇后拜憲爲郎稍遷侍中虎賁中郎將弟篤爲黃門侍郎兄弟親幸並侍宮省賞賜累積寵貴日盛自王主及陰馬諸家莫不畏憚憲恃宮掖聲埶

遂㠯賤直請奪沁水公主園田沁水公主明帝女主逼畏不敢計後肅宗駕出過園指㠯問憲憲陰喝不得對陰喝猶噎塞也陰音於禁反喝音一介反或作嗚音烏故反後發覺帝大怒召憲切責曰深思前過奪主田園時何用愈趙高指鹿爲馬愈猶差也趙高解見靈帝紀久念使人驚怖昔永平中常令陰黨陰博鄧疊三人更相糾察以陰鄧皆外戚恐其踰侈故使吏相糾察也博陰興之子故諸豪戚莫敢犯法者而詔書切切切切猶勤也猶㠯舅氏田宅爲言今貴主尚見枉奪何況小人哉國家棄憲如孤雛腐鼠耳烏子生而啄者曰雛憲大震懼皇后爲毀服深謝良久乃得解使㠯田還主雖不繩其罪然亦不授㠯重任和帝即位太后臨朝憲㠯侍中內幹機密幹主也或曰古管字也出宣誥命肅宗遺詔㠯篤爲虎賁中郎將篤弟景瓌並中常侍於是兄弟皆在親要之地憲㠯前太尉鄧彪有義讓先帝所敬而仁厚委隨委隨猶順從也故尊崇之㠯爲太傅令百官總己㠯聽其所施爲輒外令彪奏內白太后事無不從又屯

騎校尉桓郁累世帝師而性和退自守故上書薦之令授經禁中所㠯內外協附莫生疑異憲性果急睚眦之怨莫不報復睚音語解反眦音仕懈反廣雅睚裂也或謂裂眦瞋目貌史記曰范睢睚眦之怨必報初永平時謁者韓紆嘗考劾父勳獄憲遂令客斬紆子㠯首祭勳冢齊殤王子都鄉侯暢齊殤王名石伯升孫章之子來弔國憂章帝崩也暢素行邪僻與步兵校尉鄧疊親屬數往來京師因疊母元自通長樂宮得幸太后被詔召詣上東門憲懼見幸分宮省之權遣客刺殺暢於屯衞之中屯兵宿衞之所而歸罪於暢弟利侯剛乃使侍御史與青州刺史雜考剛等後事發覺太后怒閉憲於內宮憲懼誅自求擊匈奴㠯贖死會南單于請兵北伐乃拜憲車騎將軍金印紫綬官屬依司空依準也長史一人千石掾屬二十九人令史及御屬三十二人見續漢志也㠯執金吾耿秉爲副發北軍五校漢有南北軍中候一人六百石掌臨五營見續漢志黎陽雍營緣邊十二郡騎士漢官儀曰光武中興以幽冀并州兵騎克定天下故於黎陽立營以謁者監之又曰扶風都尉部在雍縣以涼州近羌數犯三輔將兵衞護園陵故俗稱雍營及羌胡兵出塞明年

憲與秉各將四千騎及南匈奴左谷蠡王師子（師子其名也）萬騎出朔方雞鹿塞南單于屯屠河（屯屠河單于名也）將萬餘騎出滿夷谷度遼將軍鄧鴻（鄧禹少子）及緣邊義從羌胡八千騎與左賢王安國萬騎出稒陽塞（稒陽在五原郡稒音固）皆會涿邪山憲分遣副校尉閻盤司馬耿夔耿譚將左谷蠡王師子右呼衍王須訾等（呼衍其號因以爲姓匈奴貴種也今呼延姓是其後須訾名也）精騎萬餘與北單于戰於稽落山大破之虜衆崩潰單于遁走追擊諸部遂臨私渠比鞮海（匈奴中海名也）斬名王已下萬三千級獲生口馬牛羊橐駝百餘萬頭（橐音託）於是溫犢須日逐溫吾夫渠王柳鞮等八十一部率衆降者前後二十餘萬人憲秉遂登燕然山去塞三千餘里刻石勒功紀漢威德令班固作銘曰惟永元元年秋七月有漢元舅曰車騎將軍竇憲寅亮聖明登翼王室（寅敬亮信也尚書曰二公弘化寅亮天地登升也翼輔也）納于大麓惟清緝熙（孔安國注尚書曰麓錄也納之使大錄萬機也周頌曰惟清緝熙鄭玄注云光明也）乃與執金吾耿秉述職巡御理兵

於朔方 左傳曰小有述職大有巡功又曰出曰理兵 鷹揚之校螭虎之士爰該六師 鷹揚如鷹之飛揚也詩云惟師尚父時惟鷹揚螭山神獸形也史記曰如熊如羆如豺如離徐廣曰離與螭同該備也詩云整我六師以修我戎 暨南單于東烏桓西戎氐羌侯王君長之羣驍騎三萬元戎輕武長轂四分 暨及也元戎兵車也詩云元戎十乘以先啓行輕武言疾也長轂兵車 雲輜蔽路萬有三千餘乘 輜車也稱雲言多也 勒以八陣莅以威神 兵法有八陣圖 玄甲耀日朱旗絳天 玄甲鐵甲也前書曰發屬國之玄甲也 遂陵高闕下雞鹿經磧鹵絕大漠 沙土曰漠直度曰絕 斬溫禺以釁鼓血尸逐以染鍔 溫禺尸逐皆匈奴王號也周禮殺人以血塗鼓謂之釁鍔刃也 然後四校橫徂星流彗埽蕭條萬里野無遺寇於是域滅區單反旆而旋考傳驗圖窮覽其山川遂踰涿邪跨安侯乘燕然躡冒頓之區落焚老上之龍庭 四校四面之校橫徂橫行也星流彗埽言疾也安侯水名冒頓單于頭曼子也區落謂東滅東胡西走月氏南取樓煩悉收秦所奪匈奴地冒頓子稽粥號老上單于匈奴五月大會龍庭祭其先天地鬼神今皆焚蕩之 上以攄高文之宿憤光祖宗之玄靈下以安固後嗣恢拓境宇振大漢之天聲 高帝被冒頓單于圍於平城七日孝文帝時匈奴寇邊殺太守帝欲自征太后不許拓開也天聲雷霆之聲甘泉賦曰天聲起兮勇士厲恢大也 茲所謂一勞而久逸暫費而永寧者也

楊雄曰以爲不一勞者不久逸不暫費者不永寧也乃遂封山刊石昭銘上德上德猶至也老子曰上德不德是以有德其辭曰

鑠王師兮征荒裔鑠美也詩曰於鑠王師遵養時晦勦凶虐兮截海外勦絕截整齊也詩云相土烈烈海外有截夐其邈兮亘地界夐邈皆遠也亘竟也封神丘兮建隆嶱神丘即燕然山也方者謂之碑圓者謂之碣嶱碣也協韻音其例反熙帝載兮振萬世熙廣也載事也書曰奮庸熙帝之載

憲乃班師而還遣軍司馬吳汜梁諷奉金帛遺北單于宣明國威而兵隨其後時虜中乖亂汜諷所到輒招降之前後萬餘人遂及單于於西海上宣國威信致以詔賜單于稽首拜受諷因說宜修呼韓邪故事保國安人之福言依附漢家自保護其國也宣帝時呼韓邪單于欵塞朝于甘泉宮請留居光祿塞下有急保漢受降城也單于喜悅即將其衆與諷俱還到私渠海聞漢軍已入塞乃遣弟右溫禺鞮王奉貢入侍隨諷詣闕憲以單于不自身到奏還其侍弟南單于於漠北遺憲古鼎容五斗其傍銘曰仲山甫鼎其萬年子子孫孫永保用憲乃上之詔使中郎將持節即五原拜憲大將軍封武陽侯食邑二萬戶憲固辭封賜策

許焉舊大將軍位在三公下置官屬依太尉續漢志太尉長史千石掾屬二十四人令史及御屬二十二人也
憲威權震朝廷公卿希旨奏憲位次太傅下三公上長史司馬秩
中二千石從事中郎二人六百石自下各有增振旅還京師於是
大開倉府勞賜士吏其所將諸郡二千石子弟從征者悉除太子
舍人續漢志曰太子舍人秩二百石無員更直宿衛也是時篤爲衛尉景瓌皆侍中奉車駙馬都
尉四家競修第宅窮極工匠明年詔曰大將軍憲前歲出征克滅
北狄朝加封賞固讓不受舅氏舊典並蒙爵土西漢故事帝舅皆封侯其封憲冠
軍侯邑二萬戶篤郾侯景汝陽侯瓌夏陽侯各六千戶憲獨不受
封遂將兵出鎮涼州以侍中鄧疊行征西將軍事爲副北單于以
漢還侍弟復遣車諧儲王等款居延塞欲入朝見願請大使憲上
遣大將軍中護軍班固行中郎將與司馬梁諷迎之會北單于爲
南匈奴所破被創遁走固至私渠海而還憲以北虜微弱遂欲滅

之明年復遣石校尉耿夔司馬任尚趙博等將兵擊北虜於金微山大破之克獲甚衆北單于逃走不知所在憲既平匈奴威名大盛以耿夔任尚等爲爪牙鄧疊郭璜爲心腹班固傅毅之徒皆置幕府以典文章刺史守令多出其門尚書僕射郅壽樂恢並以忤意相繼自殺壽郅惲子由是朝臣震懾望風承旨而篤進位特進得舉吏漢法三公得舉吏見禮依三公景爲執金吾瓌光祿勳權貴顯赫傾動京都雖俱驕縱而景爲尤甚奴客緹騎依倚形埶侵陵小人漢官儀曰執金吾緹騎二百人說文曰緹帛丹黃色也言奴客及緹騎並爲縱橫也強奪財貨篡取罪人妻略婦女商賈閉塞如避寇讎有司畏懦莫敢舉奏太后聞之使謁者策免景官以特進就朝位瓌少好經書節約自修出爲魏郡遷潁川太守竇氏父子兄弟並居列位充滿朝廷叔父霸爲城門校尉霸弟襃將作大匠襃弟嘉少府其爲侍中將大夫郎吏十餘人憲既負重勞陵肆滋甚

四年，封鄧疊爲穰侯。疊與其弟步兵校尉磊及母元，又憲女壻射聲校尉郭舉，舉父長樂少府璜（太后居長樂宮，故有少府，秩二千石），皆相交結。元、舉並出入禁中，舉得幸太后，遂共圖爲殺害。帝陰知其謀，乃與近幸中常侍鄭衆定議誅之。以憲在外，慮其懼禍爲亂，忍而未發。會憲及鄧疊班師還京師，詔使大鴻臚持節郊迎，賜軍吏各有差。憲等既至，帝乃幸北宮，詔執金吾、五校尉勒兵屯衞南北宮，閉城門，收捕疊、磊、璜、舉，皆下獄誅，家屬徙合浦。遣謁者僕射收憲大將軍印綬，更封爲冠軍侯。憲及篤、景、瓌皆遣就國。帝以太后故，不欲名誅憲，爲選嚴能相督察之。憲、篤、景到國，皆迫令自殺。宗族賓客以憲爲官者，皆免歸本郡。瓌以素自修，不被逼迫。明年，坐稟假貧人（稟，給也。假，貸。貧人非侯家之法，故坐焉），徙封羅侯，不得臣吏人（羅縣屬長沙郡，在今岳州湘陰縣東北）。初，竇后之譖梁氏，憲等豫有謀焉。永元十年，梁棠兄弟（棠及兄雍，雍弟翟，並梁竦子也）徙九眞還，路由長沙，

逼褒令自殺後和熹鄧后臨朝永初三年詔諸竇前歸本郡者與安豐侯萬全俱還京師萬全少子章

論曰衛靑霍去病資彊漢之眾連年以事匈奴國秏太半矣而猾虜未之勝後世猶傳其良將豈非以身名自終邪竇憲率羌胡邊雜之師一舉而空朔庭至乃追奔稽落之表飲馬比鞮之曲銘石負鼎薦告淸廟列其功庸兼茂於前多矣而後世莫稱者章末釁以降其實也降損也是以下流君子所甚惡焉論語曰紂之不善不如是之甚也是以君子惡居下流天下之惡皆歸焉夫二三子得之不過房幄之閒非復搜揚仄陋選舉而登也二三子謂衛霍及憲也皆緣椒房幃幄之恩耳當靑病奴僕之時衛靑本平陽公主家童所生相者見之曰貴人官至封侯靑笑曰人奴之生無笞罵足矣安得封侯哉竇將軍念咎之日謂太后閉之南宮欲誅之日也乃庸力之不暇思鳴之無晨吳志諸葛瑾曰失旦之雞復思一鳴也何意裂膏腴享崇號乎東方朔稱用之則爲虎不用則爲鼠信矣以此言之士有懷琬琰以就煨塵者亦何可支哉琬琰美玉也楚詞曰懷琬琰以

爲心支計也亦何可計言其多也

章字伯向少好學有文章與馬融崔瑗同好更相推薦融集與竇伯向書曰孟陵奴來賜書見手跡歡喜何量見於面也書雖兩紙紙八行行七字永初中三輔遭羌寇章避難東國家於外黃外黃縣屬陳留郡城在今汴州雍丘縣東居貧蓬戶蔬食莊子原憲編蓬爲戶論語顏回飯蔬食也躬勤孝養然講讀不輟太僕鄧康鄧珍之子禹之孫聞其名請欲與交章不肯往康以此益重焉是時學者稱東觀爲老氏臧室道家蓬萊山老子爲守臧史復爲柱下史四方所記文書皆歸柱下事見史記言東觀經籍多也蓬萊海中神山爲仙府幽經秘錄並皆在焉康遂薦章入東觀爲校書郎順帝初章女年十二能屬文以才貌選入掖庭有寵與梁皇后並爲貴人擢章爲羽林郎將續漢志曰羽林郎秩二百石無員常宿衛侍從也遷屯騎都尉章謙虛下士收進時輩甚得名譽是時梁竇並貴各有賓客多交搆其間章推心待之故得免於患貴人早卒帝追思之無已詔史官樹碑頌德章自爲之辭貴人歿後帝禮待之無衰永和五年遷少府漢安二年轉大

鴻臚建康元年梁后稱制章自免卒于家中子唐有俊才官至虎賁中郎將

贊曰悃悃安豐亦稱才雄楚辭曰悃悃款款也王逸注曰志純一也亦猶實也提挈河右奉圖歸忠奉圖者謂既奉外戚圖乃歸于漢也孟孫明邊伐北開西叶韻音先憲實空漠遠兵金山聽笳龍庭鏤石燕然笳胡樂也老子作之雖則折鼎王靈已宣鼎三足三公象折足者言其不勝任也易曰鼎折足覆公餗也

竇融列傳第十三

馬援列傳第十四（子廖　子防　兄子嚴　族孫稜）　後漢書二十四

唐章懷太子賢注

馬援字文淵，扶風茂陵人也。其先趙奢爲趙將，號曰馬服君，子孫因爲氏。（馬服者，言能服馭馬也。史記曰趙惠文王以奢有功，賜爵號爲馬服君。）武帝時，以吏二千石自邯鄲徙焉。（東觀記曰徙茂陵成懽里。）曾祖父通，以功封重合侯，坐兄何羅反，被誅，（重合縣屬勃海郡，故城在今滄州樂陵縣東。馬何羅與江充相善，充既誅，遂懼罪及己，謀反，伏誅。）故援再世不顯。（祖及父不得爲顯任。東觀漢記：通生賓，宣帝時以郎持節，號使君。使君生仲，仲官至玄武司馬，仲生援。）援三兄況、余、員，（東觀記曰：況字君平，余字聖卿，員字季主。）並有才能，王莽時皆爲二千石。（況河南太守，余中壘校尉，員增山連率。）援年十二而孤，少有大志，諸兄奇之。嘗受齊詩，意不能守章句，（東觀記曰受齊詩，師事潁川蒲昌。）乃辭況，欲就邊郡田牧。（東觀記曰：援以況出爲河南太守，次兩兄爲吏京師，見家用不足，乃辭況，欲就邊郡畜牧也。）況曰：「汝大才，當晚成。良工不示人以朴，且從所好。」（從其所請也。）會況卒，援行服朞年，不離墓所；敬事寡嫂，不冠不入廬。（廬，舍也。）後爲郡督郵，送囚至司命府，（王莽置司命官，上公已下皆糾察。）囚有重罪，援哀而縱之，遂亡命北地遇赦因留牧畜賓客多歸附者遂役屬數百家續漢書曰過北地任氏畜牧自援祖賓本客天水父仲又嘗爲牧師令是時員爲護苑使者故人賓客皆依援轉游隴漢閒嘗謂賓客曰丈夫爲志窮當益堅老當益壯因處田牧至有牛馬羊數千頭穀數萬斛旣而歎曰凡殖貨財產貴其能施賑也否則守錢虜耳乃盡散以班昆弟故舊身衣羊裘皮袴王莽末四方兵起莽從弟衞將軍林廣招雄俊乃辟援及同縣原涉爲掾涉字巨先見前書薦之於莽莽以涉爲鎭戎大尹王莽改天水爲鎭戎改太守爲大尹援爲新成大尹莽改漢中爲新成及莽敗援兄員時爲增山連率莽改上郡爲增山連率亦太守也莽法典郡者公爲牧侯稱卒正伯稱連率其無封爵者爲尹也與援俱去郡復避地涼州世祖卽位員先詣洛陽帝遣員復郡卒於官援因留西州隗囂甚敬重之以援爲綏德將軍與決籌策是時公孫述稱帝於蜀囂使援往觀之援素與述同里閈說文曰閈閭也杜預注左傳閈閎門也相善以爲旣至當握手歡如平生而述盛陳陛衞以延援入交拜禮畢使出就館更爲

援制都布單衣東觀記曰都作答史記曰答布千匹前書音義曰答布白疊布也何承天纂文曰都致錯履無極皆布名方言曰禪衣江淮南楚之間謂之襟關之
東西謂之禪衣交讓冠會百官於宗廟中立舊交之位述鸞旗旄騎解在公孫述傳警
蹕就車磬折而入磬折者屈身如磬之曲折敬也禮饗官屬甚盛欲授援以封侯大將
軍位賓客皆樂留援曉之曰天下雄雌未定公孫不吐哺走迎國
士哺食也史記周公誡伯禽曰吾一沐三握髮一飯三吐哺猶恐失天下士也與圖成敗反修飾邊幅言若布帛修整其邊幅也左傳曰如
布帛之有幅焉爲之度使無遷如偶人形禮記曰謂爲偶者不仁鄭玄云偶偶人也有面目機發有似於生人也偶音勇此子何足久稽天
下士乎稽留也因辭歸謂囂曰子陽井底蛙耳言述志識褊狹如坎井之蛙事見莊子而妄自
尊大不如專意東方建武四年冬囂使援奉書洛陽援至引見於
宣德殿世祖迎笑謂援曰卿遨遊二帝間今見卿使人大慚援頓
首辭謝因曰當今之世非獨君擇臣也臣亦擇君矣家語曰君擇臣而任之臣亦擇君而事之
臣與公孫述同縣少相善臣前至蜀述陛戟而進臣臣今遠來陛
下何知非刺客姦人而簡易若是東觀記曰援初到敕令中黃門引入時上在宣德殿南廡下但幘坐故云簡易也帝

復笑曰卿非刺客顧說客耳援曰天下反覆盜名字者不可勝數盜猶竊也今見陛下恢廓大度同符高祖乃知帝王自有眞也帝甚壯之援從南幸黎丘轉至東海及還以爲待詔使太中大夫來歙持節送援西歸隴右隗囂與援共臥起問以東方流言及京師得失流猶傳也援說囂曰前到朝廷上引見數十東觀記曰凡十四見每接讌語自夕至旦才明勇略非人敵也且開心見誠無所隱伏闊達多大節略與高帝同經學博覽政事文辯前世無比囂曰卿謂何如高帝援曰不如也高帝無可無不可此論語孔子自言己之所行也今上好吏事動如節度又不喜飲酒囂意不懌曰如卿言反復勝邪然雅信援故遂遣長子恂入質援因將家屬隨恂歸洛陽居數月而無它職任援以三輔地曠土沃而所將賓客猥多乃上書求屯田上林苑中帝許之會隗囂用王元計意更狐疑狐性多疑故曰狐疑援數以書記責譬於囂囂怨援背己得

書增怒其後遂發兵拒漢援乃上疏曰臣援自念歸身聖朝奉事陛下本無公輔一言之薦左右爲容之助（鄒陽書曰蟠木成萬乘之器者左右爲之容）臣不自陳陛下何因聞之夫居前不能令人輊居後不能令人軒（言爲人無所輕重也）（詩云如輊如軒 輊音陟利反）與人怨不能爲人患臣所恥也故敢觸冒罪忌昧死陳誠臣與隗囂本實交友初囂遣臣東謂臣曰本欲爲漢願足下往觀之於汝意可卽專心矣及臣還反報以赤心實欲導之於善非敢譎以非義而囂自挾姦心盜憎主人（左傳晉伯宗妻曰盜憎主人民惡其上）怨毒之情遂歸於臣臣欲不言則無以上聞願聽詣行在所極陳滅囂之術得空匈腹申愚策退就隴畝死無所恨帝乃召援計事援具言謀畫因使援將突騎五千往來游說囂將高峻任禹之屬下及羌豪爲陳禍福以離囂支黨援又爲書與囂將楊廣使曉勸於囂曰春卿無恙（春卿楊廣字）前別冀南（天水冀縣也）寂無音驛援閒還長安因留上林竊見

四海已定兆民同情而季孟閉拒背畔爲天下表的表猶標也言爲標準謂射的也言背叛之罪爲天下所指射也常懼海內切齒思相屠裂故遺書戀戀以致惻隱之計乃聞季孟歸罪於援而納王游翁諂邪之說游翁王元字也自謂函谷以西舉足可定以今而觀竟何如邪援閒至河內過存伯春存猶問也見其奴吉從西方還說伯春小弟仲舒望見吉欲問伯春無它否竟不能言曉夕號泣婉轉塵中又說其家悲愁之狀不可言也夫怨讎可刺不可毀援聞之不自知其泣下也援素知季孟孝愛曾閔不過夫孝於其親豈不慈於其子可有子抱三木而跳梁妄作自同分羹之事乎三木者謂桎梏及械也司馬遷曰衣赭關三木分羹謂樂羊也解見公孫述傳季孟平生自言所以擁兵衆者欲以保全父母之國而完墳墓也又言苟厚士大夫而已而今所欲全者將破亡之所欲完者將毀傷之所欲厚者將反薄之季孟嘗折愧子陽而不受其爵愧猶辱也今更共陸陸陸陸猶碌碌也欲往附之將難爲顏

乎若復責以重質當安從得子主給是哉往時子陽獨欲以王相待（謂欲封爲朔寧王也）而春卿拒之今者歸老更欲低頭與小兒曹共槽櫪而食併肩側身於怨家之朝乎（字林併音且正反）男兒溺死何傷而拘游哉（游浮也）今國家待春卿意深宜使牛孺卿與諸耆老大人（大人謂豪傑也）共說季孟若計畫不從眞可引領去矣前披輿地圖見天下郡國百有六所奈何欲以區區二邦以當諸夏百有四乎春卿事季孟外有君臣之義內有朋友之道言君臣邪固當諫爭語朋友邪應有切磋（爾雅曰骨曰切象曰磋言朋友之道如切磋以成器也詩云如切如磋如琢如磨）豈有知其無成而但萎腇咋舌叉手從族乎（萎腇耎弱也萎音於僞反腇音乃罪反）及今成計殊向善也過是欲少味矣（以食爲諭）且來君叔天下信士朝廷重之其意依依常獨爲西州言援商朝廷尤欲立信於此（商度也）必不負約援不得久留願急賜報廣竟不荅八年帝自西征囂至漆（漆縣屬右扶風）諸將多以王師之重不宜遠入險阻計冘豫未決

允行貌也義見說文豫亦未定也允音以林反會召援夜至帝大喜引入具以羣議質之廣雅曰質定也援因說隗囂將帥有土崩之埶兵進有必破之狀又於帝前聚米爲山谷指畫形埶開示眾軍所從道徑往來分析曲折昭然可曉帝曰虜在吾目中矣明旦遂進軍至第一囂眾大潰第一解見竇融傳九年拜爲太中大夫副來歙監諸將平涼州自王莽末西羌寇邊遂入居塞內金城屬縣多爲虜有來歙奏言隴西侵殘非馬援莫能定十一年夏璽書拜援隴西太守援迺發步騎三千人擊破先零羌於臨洮斬首數百級獲馬牛羊萬餘頭守塞諸羌八千餘人詣援降諸種有數萬屯聚寇鈔拒浩亹隘浩亹音告門縣名屬金城郡浩水名也亹者水流夾山閒兩岸深若門也詩曰鳧鷖在亹亦其義也今俗呼此水爲閤門河蓋疾言之耳援與揚武將軍馬成擊之羌因將其妻子輜重移阻於允吾谷允吾音鈆牙援乃潛行閒道掩赴其營羌大驚潰復遠徙唐翼谷中援復追討之羌引精兵聚北山上援陳軍向山而分遣數百

騎繞襲其後，乘夜放火，擊鼓叫譟，虜遂大潰，凡斬首千餘級。援以兵少，不得窮追，收其穀糧畜産而還。援中矢貫脛，帝以璽書勞之，賜牛羊數千頭，援盡班諸賓客。是時，朝臣以金城破羌之西（破羌縣名，屬金城郡，故城在今鄯州湟水縣西），塗遠多寇，議欲棄之。援上言，破羌以西城多完牢，易可依固；其田土肥壤（無塊曰壤），灌溉流通。如令羌在湟中（湟水名，據前書出金城臨羌縣，東至允吾入河。今鄯州湟水縣取其名也，一名樂都水），則爲害不休，不可棄也。帝然之，於是詔武威太守（東觀記曰梁統也），令悉還金城客民（金城客人在武威者）。歸者三千餘口，使各反舊邑。援奏爲置長吏，繕城郭，起塢候（字林曰：塢，小障也。一曰小城。字或作隖，音一古反），開導水田，勸以耕牧，郡中樂業。又遣羌豪楊封譬說塞外羌，皆來和親。又武都氐人背公孫述來降者，援皆上復其侯王君長，賜印綬，帝悉從之。乃罷馬成軍。

十三年，武都參狼羌與塞外諸種爲寇，殺長吏。援將四千餘人擊之，至氐道縣（氐道縣屬隴西郡。縣管蠻夷曰道），羌在山上，援軍據便地，奪其水草，不與

戰羌遂窮困豪帥數十萬戶亡出塞諸種萬餘人悉降於是隴右
清靜援務開寬信恩以待下任吏以職但總大體而已賓客故人
日滿其門諸曹時白外事援輒曰此丞掾之任何足相煩續漢志曰郡當邊戍
丞爲長吏又置諸曹掾史頗哀老子使得遨游若大姓侵小民黠羌欲旅距此乃太
守事耳旅距不從之貌傍縣嘗有報仇者吏民驚言羌反百姓奔入城郭狄
道長詣門狄道縣屬隴西郡今蘭州縣也請閉城發兵援時與賓客飲大笑曰燒虜何
敢復犯我燒虜即燒羌也曉狄道長歸守寺舍曉喻也寺舍官舍也良怖急者可牀下伏
良甚也後稍定郡中服之視事六年徵入爲虎賁中郎將初援在隴西
上書言宜如舊鑄五銖錢事下三府三府奏以爲未可許事遂寢
及援還從公府求得前奏難十餘條乃隨牒解釋東觀記曰凡十三難援一一解之條奏其狀也
更具表言帝從之天下賴其便援自還京師數被進見爲人明須
髮眉目如畫東觀記曰援長七尺五寸色理髮膚眉目容貌如畫閑於進對尤善述前世行事每言

及三輔長者下至閭里少年皆可觀聽自皇太子諸王侍聞者莫不屬耳忘倦又善兵策帝常言伏波論兵與我意合每有所謀未嘗不用初卷人維汜（卷縣名屬河南郡故城在今鄭州原武縣西北也）訞言稱神有弟子數百人坐伏誅後其弟子李廣等宣言汜神化不死以誑惑百姓十七年遂共聚會徒黨攻沒晥城（晥縣名屬廬江郡今舒州懷寧縣晥音下板反又下管反）殺晥侯劉閔自稱南嶽太師遣謁者張宗將兵數千人討之復為廣所敗於是使援發諸郡兵合萬餘人擊破廣等斬之又交阯女子徵側及女弟徵貳反（徵側者麊泠縣雒將之女也嫁為朱鳶人詩索妻甚雄勇交阯太守蘇定以法繩之側忿怒故反）攻沒其郡九眞日南合浦蠻夷皆應之寇略嶺外六十餘城側自立為王於是璽書拜援伏波將軍（東觀記曰援上書臣所假伏波將軍印書伏字犬外嚮城皋令印皋字為白下羊丞印四下羊尉印白下人人下羊即一縣長吏印文不同恐天下不正者多符印所以為信也所宜齊同薦曉古文字者事下大司空正郡國印章奏可）以扶樂侯劉隆為副（扶樂縣名屬九眞郡）督樓船將軍段志等南擊交阯軍至合浦而志病卒詔援并將其兵遂緣海而進

隨山刊道千餘里刊除也十八年春軍至浪泊上與賊戰破之斬首數千級降者萬餘人援追徵側等至禁谿數敗之賊遂散走明年正月斬徵側徵貳傳首洛陽越志云徵側兵起都麊泠縣及馬援討之奔入金溪穴中一年乃得之封援爲新息侯食邑三千戶援乃擊牛釃酒勞饗軍士釃猶濾也詩曰釃酒有藇毛萇注云以筐曰釃釃音所宜反從容謂官屬曰吾從弟少游常哀吾慷慨多大志曰士生一世但取衣食裁足乘下澤車周禮曰車人爲車行澤者欲短轂行山者欲長轂短轂則利長轂則安也御款段馬款猶緩也言形段遲緩也爲郡掾史守墳墓鄉里稱善人斯可矣致求盈餘但自苦耳當吾在浪泊西里間虜未滅之時下潦上霧毒氣重蒸仰視飛鳶跕跕墮水中鳶鴟也跕跕墮貌也跕音都牒泰牒二反臥念少游平生時語何可得也今賴士大夫之力被蒙大恩猥先諸君紆佩金紫且喜且慙吏士皆伏稱萬歲援將樓船大小二千餘艘戰士二萬餘人擊九眞賊徵側餘黨都羊等自無功至居風無功居風二縣名並屬九眞郡居風今愛州斬獲五千餘人嶠南悉平嶠嶺也

爾雅曰山銳而高曰嶠嶠音渠廟反廣州記曰援到交阯立銅柱爲漢之極界也援奏言西于縣戶有三萬二千西于縣屬交阯
郡故城在今交州龍編縣東也遠界去庭千餘里庭縣庭也請分爲封溪望海二縣許之封溪望海縣並
屬交阯郡援所過輒爲郡縣治城郭穿渠灌溉㠯利其民條奏越律與漢
律駮者十餘事駮乖舛也與越人申明舊制㠯約束之自後駱越奉行馬
將軍故事駱者越別名二十年秋振旅還京師軍吏經瘴疫死者十四五
賜援兵車一乘朝見位次九卿援好騎善別名馬於交阯得駱越
銅鼓乃鑄爲馬式式法也裴氏廣州記曰狸獠鑄銅爲鼓鼓唯高大爲貴面濶丈餘初成懸于庭剋晨置酒招致同類來者盈門豪富子女以金銀爲大釵執以
叩鼓叩竟畱遺主人也還上之因表曰夫行天莫如龍行地莫如馬史記平準書曰以爲在天莫如龍在
地莫如馬馬者甲兵之本國之大用安寍則㠯別尊卑之序有變則㠯濟
遠近之難昔有騏驥一日千里伯樂見之昭然不惑伯樂秦穆公時善相馬者也桓寬鹽
鐵論曰騏驥負鹽車垂頭于太行之阪見伯樂則噴而長鳴近世有西河子輿亦明相法子輿傳西河儀
長孺長孺傳茂陵丁君都君都傳成紀楊子阿臣援嘗師事子阿

受相馬骨法考之於行事輒有驗效臣愚以爲傳聞不如親見視景不如察形今欲形之於生馬則骨法難備具又不可傳之於後孝武皇帝時善相馬者東門京東門姓也京名也鑄作銅馬法獻之有詔立馬於魯班門外則更名魯班門曰金馬門臣謹依儀氏䮂中帛氏口齒謝氏脣鬐丁氏身中備此數家骨相以爲法援銅馬相法曰水火欲分明水火在鼻兩孔間也上脣欲急而方口中欲紅而有光此馬千里頷下欲深下脣欲緩牙欲前向牙欲去齒一寸則四百里牙劍鋒則千里目欲滿而澤腹欲充脥欲小季肋欲長縣薄欲厚而緩縣薄股也腹下欲平滿汗溝欲深長而膝本欲起肘腋欲開膝欲方蹄欲厚三寸堅如石䮂音居奇反馬高三尺五寸圍四尺四寸有詔置於宣德殿下以爲名馬式焉初援軍還將至故人多迎勞之平陵人孟冀名有計謀於坐賀援援謂之曰吾望子有善言反同衆人邪昔伏波將軍路博德開置七郡裁封數百戶漢書曰平南越以爲南海蒼梧鬱林合浦交阯九眞日南朱崖儋耳九郡今此言七郡則與前書不同也今我微勞猥饗大縣功薄賞厚何以能長久乎先生奚用相濟冀曰愚不及援曰方今匈奴烏桓尚擾北邊欲自

請擊之男兒要當死於邊野以馬革裹尸還葬耳何能臥牀上在兒女子手中邪冀曰諒爲烈士當如此矣還月餘會匈奴烏桓寇扶風援以三輔侵擾園陵危逼因請行許之自九月至京師十二月復出屯襄國（襄國縣名屬趙國今邢州龍岡縣也）詔百官祖道援謂黃門郎梁松竇固曰凡人爲貴當使可賤如卿等欲不可復賤居高堅自持勉思鄙言松後果以貴滿致災固亦幾不免明年秋援乃將三千騎出高柳行鴈門代郡上谷障塞烏桓候者見漢軍至虜遂散去援無所得而還援嘗有疾梁松來候之獨拜牀下援不答松去後諸子問曰梁伯孫帝壻（松尚舞陰公主爾雅曰女子之夫爲壻）貴重朝廷公卿已下莫不憚之大人奈何獨不爲禮援曰我乃松父友也（松父統也）雖貴何得失其序乎（禮記曰見父之執友不謂之進不敢進不謂之退不敢退不問不敢對鄭玄曰敬父同志如事父也）松由是恨之二十四年武威將軍劉尚擊武陵五溪蠻夷（酈元注水經云武陵有五溪謂雄溪樠溪西溪潕溪辰溪悉是蠻夷所居故謂五溪蠻皆槃瓠之子孫也土俗雄作熊樠作朗潕作

武在今辰州界深入軍沒援因復請行時年六十二帝愍其老未許之援自請曰臣尚能被甲上馬帝令試之援據鞍顧眄以示可用帝笑曰矍鑠哉是翁也矍鑠勇貌也東觀記作矆哉是翁矆音許縛反遂遣援率中郎將馬武耿舒劉匡孫永等將十二郡募士及弛刑四萬餘人征五溪援夜與送者訣謂友人謁者杜愔曰吾受厚恩年迫餘日索索盡也常恐不得死國事今獲所願甘心瞑目但畏長者家兒或在左右或與從事殊難得調介介獨惡是耳長者家兒謂權要子弟等介介猶耿耿也明年春軍至臨鄉東觀記曰二月到武陵臨鄉也遇賊攻縣援迎擊破之斬獲二千餘人皆散走入竹林中初軍次下雋下雋縣名屬長沙國故城今辰州沅陵縣雋音字兖反有兩道可入從壺頭則路近而水嶮壺頭山名也在今辰州沅陵東武陵記曰此山頭與東海方壺山相似神仙多所游集因名壺頭山也從充則塗夷而運遠充縣名屬武陵郡充音昌容反帝初以爲疑及軍至耿舒欲從充道援以爲弃日費糧不如進壺頭搤其喉咽搤持也充賊自破以事上之帝從援策三月進營壺頭賊乘高守

臨水疾舩不得上會暑甚士卒多疫死援亦中病遂困乃穿岸爲
室以避炎氣（武陵記曰壺頭山邊有石窟即援所穿室也室內有蛇如百斛舩大云是援之餘靈也）賊每升險鼓譟援輒曳
足以觀之左右哀其壯意莫不爲之流涕耿舒與兄好畤侯弇書
曰前舒上書當先擊充糧雖難運而兵馬得用軍人數萬爭欲先
奮今壺頭竟不得進大衆怫鬱行死誠可痛惜前到臨鄉賊無故
自致若夜擊之即可殄滅伏波類西域賈胡到一處輒止（言似商胡所至之處輒停留賈音古）
以是失利今果疾疫皆如舒言弇得書奏之帝乃使虎賁中
郎將梁松乘驛責問援因代監軍會援病卒松宿懷不平（以援往受其拜）遂
因事陷之帝大怒追收援新息侯印綬初兄子嚴敦並喜譏議（並余之子也喜音許吏反）
而通輕俠客援前在交阯還書誡之曰吾欲汝曹聞人過失
如聞父母之名耳可得聞口不可得言也好論議人長短妄是非
正法（謂譏刺時政也）此吾所大惡也寧死不願聞子孫有此行也汝曹知吾

惡之甚矣所㠯復言者施衿結褵申父母之戒（說文曰衿交衽也詩云親結其褵毛萇注云褵婦人之褘也女施衿結帨爾雅曰褵緌也郭璞注曰即今之香纓也儀禮父戒女曰戒之敬之夙夜無違命母戒之曰戒之敬之夙夜無違宮事也）欲使汝曹不忘之耳龍伯高敦厚周慎口無擇言謙約節儉廉公有威吾愛之重之願汝曹效之杜季良豪俠好義憂人之憂樂人之樂清濁無所失（輕重合宜）父喪致客數郡畢至吾愛之重之不願汝曹效也效伯高不得猶爲謹敕之士所謂刻鵠不成尙類鶩者也（鶩鴨也）效季良不得陷爲天下輕薄子所謂畫虎不成反類狗者也訖今季良尙未可知郡將下車輒切齒州郡㠯爲言吾常爲寒心是㠯不願子孫效也季良名保京兆人時爲越騎司馬（續漢書曰越騎司馬秩千石）保仇人上書訟保爲行浮薄亂羣惑衆伏波將軍萬里還書㠯誡兄子而梁松竇固㠯之交結將扇其輕僞敗亂諸夏書奏帝召責松固㠯訟書及援誡書示之松固叩頭流血而得不罪詔免保官伯高名述亦京兆人爲

山都長山都縣屬南陽郡故城在今襄州義清縣東北今名固城也由此擢拜零陵太守今永州也初援在交阯常餌薏苡實用能輕身省慾以勝瘴氣神農本草經曰薏苡味甘微寒主風溼痺下氣除筋骨邪氣久服輕身益氣南方薏苡實大援欲以爲種軍還載之一車時人以爲南土珍怪權貴皆望之援時方有寵故莫以聞及卒後有上書譖之者以爲前所載還皆明珠文犀犀之有文彩也馬武與於陵侯侯昱等昱司徒侯霸之子也皆以章言其狀帝益怒援妻孥惶懼不敢以喪還舊塋裁買城西數畝地槀葬而已裁僅也與纔同槀草也以不歸舊塋時權葬故稱槀賓客故人莫敢弔會嚴與援妻子草索相連詣闕請罪帝乃出松書以示之方知所坐上書訴寃前後六上辭甚哀切然後得葬又前雲陽令同郡朱勃詣闕上書曰臣聞王德聖政不忘人之功周書曰記人之功忘人之過宜爲君也採其一美不求備於衆論語周公謂魯公曰不使大臣怨乎不以無求備於一人故高祖赦蒯通而以王禮葬田横蒯通說韓信背漢高祖徵通至釋不誅田横初自稱齊王漢定天下横猶以五百人保于海島高祖追横横自殺以王禮葬之並見前書也大臣曠然咸不自疑夫大將在

外讒言在內微過輒記大功不計誠爲國之所愼也故章邯畏口而奔楚（章邯爲秦將使人請事至咸陽趙高不見有不信之心使還報邯畏趙高讒之遂降項羽）燕將據聊而不下（史記曰燕將攻下聊城人或讒之于燕燕將懼誅因保守聊城不敢歸聊卽今博州聊城縣也）豈其甘心末規哉悼巧言之傷類也（末規猶下計也詩云巧言如簧類善也）竊見故伏波將軍新息侯馬援拔自西州欽慕聖義閒關險難（閒關猶崎嶇也）觸冒萬死孤立羣貴之間傍無一言之佐馳深淵入虎口豈顧計哉（戰國策曰魏安釐王畏秦將入朝周訢止之王曰許綰爲我呪曰若入不出請徇寡人以首周訢對曰今有人謂臣入不測之泉而徇臣以鼠首可乎縮之首猶鼠首也因王於不測之秦而徇王以首竊爲王不取也司馬遷書曰垂餌虎口又曰夫人臣出萬死不顧一生之計赴公家之難謂援使隗囂也）寍自知當要七郡之使徼封侯之福邪八年車駕西討隗囂國計狐疑衆營未集援建宜進之策卒破西州及吳漢下隴冀路斷隔唯獨狄道爲國堅守士民飢困寄命漏刻援奉詔西使鎭慰邊衆乃招集豪傑曉誘羌戎謀如涌泉埶如轉規（規員也孫子曰戰如轉員石於萬仞之山者埶也）遂救倒懸之急（孟子曰當今之時行仁政人悅之猶解於倒懸也）存幾亡之城（幾音祈幾近也）兵全師進因糧敵人隴冀略平而

獨守空郡[守音式援反]兵動有功師進輒克銖鋤先零緣入山谷猛怒力戰飛矢貫脛又出征交阯土多障氣援與妻子生訣無悔吝之心[吝猶恨也]遂斬滅徵側克平一州[南海蒼梧鬱林合浦交阯日南九真皆屬交州]間復南討立陷臨鄉師已有業未竟而死吏士雖疫援不獨存夫戰或㠯久而立功或㠯速而致敗深入未必爲得不進未必爲非人情豈樂久屯絕地不生歸哉惟援得事朝廷二十二年北出塞漠南渡江海觸冒害氣僵死軍事[僵仆也]名滅爵絕國土不傳海內不知其過眾庶未聞其毀卒遇三夫之言橫被誣罔之讒[韓子曰龐共與魏太子質於邯鄲其謂魏王曰今一人言市有虎王信乎王曰否二人言信乎王曰否三人言王信乎曰寡人信龐共曰夫市無虎明矣然三人言誠市有虎今邯鄲去魏遠於市謗臣者過三人願主孰察之]家屬杜門葬不歸墓怨隙並興宗親怖慄死者不能自列生者莫爲之訟臣竊傷之夫明主醲於用賞約於用刑高祖嘗與陳平金四萬斤㠯間楚軍不問出入所爲豈復疑㠯錢穀間哉夫操孔父之忠而不能自免於讒

此鄒陽之所悲也史記鄒陽言曰昔者魯聽季孫之說而逐孔子宋信子罕之詐而囚墨翟夫以孔墨之辯不能自免於讒諛詩云取彼讒人投畀豺虎豺虎不食投畀有北有北不受投畀有昊詩小雅巷伯篇也畀與也昊昊天也投與昊天制其罰也此言欲令上天而平其惡惟陛下留思豎儒之言言其僮豎無知也高祖曰豎儒幾敗吾事無使功臣懷恨黃泉臣聞春秋之義罪以功除公羊傳曰夏滅項孰滅之齊滅之曷爲不言齊滅爲桓公諱也以桓公常有繼絕存亡之功故君子爲之諱也聖王之祀臣有五義禮記曰夫聖王之制祀也法施於人則祀之以死勤事則祀之以勞定國則祀之能禦大災則祀之能捍大患則祀之若援所謂以死勤事者也願下公卿平援功罪宜絕宜續以厭海內之望臣年已六十常伏田里竊感欒布哭彭越之義前書曰彭越爲梁王欒布爲梁大夫使於齊越以謀反梟首洛陽詔有收視者捕之布使還奏事越頭下祠而哭之冒陳悲憤戰慄闕庭書奏報歸田里勃字叔陽年十二能誦詩書常候援兄況勃衣方領能矩步續漢書曰勃能說韓詩前書音義曰頸下施衿領正方學者之服也矩步者囘旋皆中規矩辭言嫺雅嫺音閑嫺雅猶沈靜也司馬相如曰雍容嫺雅援裁知書見之自失況知其意乃自酌酒慰援曰朱勃小器速成智盡此耳卒當從汝稟學勿畏也稟受也朱勃未二十右扶風

請試守渭城宰渭城縣名故城在今咸陽縣東北前書音義曰試守者試守一歲乃爲眞食其全俸及援爲將軍封侯而勃位不過縣令援後雖貴常待以舊恩而卑侮之勃愈身自親及援遇讒唯勃能終焉肅宗即位追賜勃子穀二千斛東觀記曰章帝下詔曰告平陵令丞縣人故雲陽令朱勃建武中以伏波將軍爵士不傳上書陳狀不顧罪戾懷旌善之志有烈士之風詩云無言不讎無德不報其以縣見穀二千斛賜勃子若孫勿令遠詣闕謝初援兄子壻王磐子石子石磐字也王莽從兄平阿侯仁之子也莽敗磐擁富貲居故國爲人尚氣節而愛士好施有名江淮間後游京師與衞尉陰興大司空朱浮齊王章共相友善援謂姊子曹訓曰王氏廢姓也子石當屏居自守而反游京師長者長者謂豪俠者也用氣自行多所陵折其敗必也後歲餘磐果與司隸校尉蘇鄴丁鴻事相連坐死洛陽獄而磐子肅復出入北宮及王侯邸第援謂司馬呂种曰是援行軍之司馬也建武之元名爲天下重開自今以往海內日當安耳但憂國家諸子並壯而舊防未立舊防諸侯王子不許交通賓客若多通賓客則大獄起矣卿

曹戒愼之及郭后薨有上書者㠯爲肅等受誅之家客因事生亂慮致貫高任章之變（張敖爲趙王其相貫高高祖不禮趙王高恥之置人壁中欲害高祖又任章父宣霍氏女壻坐謀反誅宣帝祠昭帝廟章乃玄服夜入廟待帝至欲爲逆發覺伏誅並見前書）帝怒乃下郡縣收捕諸王賓客更相牽引死者㠯千數吕种亦豫其禍臨命歎曰馬將軍誠神人也永平初援女立爲皇后顯宗圖畫建武中名臣列將於雲臺（雲臺在南宮也）㠯椒房故獨不及援東平王蒼觀圖言於帝曰何故不畫伏波將軍像帝笑而不言至十七年援夫人卒乃更修封樹起祠堂建初三年肅宗使五官中郎將持節追策謚援曰忠成侯四子廖防光客卿客卿幼而岐嶷年六歲能應接諸公專對賓客嘗有死罪亡命者來過客卿逃匿不令人知外若訥而內沈敏援甚奇之㠯爲將相器故㠯客卿字焉（張儀虞卿並爲客卿故取名焉事見史記）援卒後客卿亦夭沒

論曰馬援騰聲三輔遨游二帝及定節立謀㠯干時主將懷負鼎

之顯盖爲千載之遇焉伊尹負鼎以干湯光武與竇融書曰千載之遇也然其戒人之禍智矣謂誡竇固梁松王磐呂种等皆如所言也而不能自免於讒隙豈功名之際理固然乎居功名之地讒搆易興而能免之者少矣夫利不在身以之謀事則智慮不私己以之斷義必厲誠能回觀物之智而爲反身之察若施之於人則能恕自鑒其情亦明矣見人之謂智自見之謂明以自見之明爲見人之用其於物理豈不通乎

廖字敬平少以父任爲郎東觀記曰廖少習易經清約沈靜援擊武谿無功卒于師廖不得嗣爵明德皇后既立拜廖爲羽林左監虎賁中郎將顯宗崩受遺詔典掌門禁遂代趙熹爲衞尉肅宗甚尊重之時皇太后躬履節儉事從簡約廖慮美業難終上疏長樂宮以勸成德政曰臣案前世詔令以百姓不足起於世尚奢靡故元帝罷服官前書音義曰齊國舊有三服之官春獻冠幘縰爲首服紈素爲冬服輕綃爲夏服元帝約省故罷之成帝御浣衣哀帝去樂府哀帝卽位詔罷鄭衞之音減郊祭及武樂等人數也然而侈費不息至於衰亂者百姓從行不從言也書曰違上所命從厥攸好夫改政移風必有其本傳曰

後漢二十四 十三

吳王好劒客百姓多創瘢楚王好細腰宮中多餓死（墨子曰楚靈王好細腰而國多餓人也）長安語曰（當時諺也）城中好高髻四方高一尺城中好廣眉四方且半額城中好大袖四方全匹帛斯言如戲有切事實前下制度未幾後稍不行雖或吏不奉法良由慢起京師今陛下躬服厚繒斥去華飾素簡所安發自聖性（言儉素約簡后之所安）此誠上合天心下順民望浩大之福莫尚於此陛下旣已得之自然猶宜加以勉勗法太宗之隆德戒成哀之不終（太宗孝文也玄默爲化身衣弋綈成帝下詔務從儉約禁斷綺縠女樂嫁娶葬埋過制唯青綠人所常服不禁哀帝初卽位易帷帳去錦繡乘輿席緣綈繒而已成帝以趙飛燕哀帝以董賢爲儉華不終）易曰不恒其德或承之羞（恒卦九三爻辭也巽下震上鄭玄注云巽爲進退不恒其德之象又互體兌兌爲毀折後或有羞辱也）誠令斯事一竟（竟猶終也）則四海誦德聲薰天地（薰猶蒸也言芳聲薰天地也）神明可通金石可勒而況於行仁心乎況於行令乎願置章坐側以當瞽人夜誦之音（瞽人無目者也古者瞽師教國子誦六詩前書禮樂志云乃采詩夜誦夜誦者其辭或祕不可宣露故於夜中歌誦也）太后深納之朝廷大議輒以詢訪廖性質誠畏慎不愛權埶聲名

盡心納忠不屑毀譽王逸注楚辭云屑顧也有司連據舊典奏封廖等累讓不得已建初四年遂受封爲順陽侯以特進就第每有賞賜輒辭讓不敢當京師以是稱之子豫爲步兵校尉太后崩後馬氏失勢廖性寬緩不能教勒子孫豫遂投書怨誹又防光奢侈好樹黨與八年有司奏免豫遣廖防光就封豫隨廖歸國考擊物故物無也故事也謂死也後詔還廖京師永元四年卒和帝以廖先帝之舅厚加賵賻使者弔祭王主會喪謚曰哀侯子遵嗣徙封程鄉侯遵卒無子國除元初三年鄧太后詔封廖孫度爲潁陽侯

防字江平永平十二年與弟光俱爲黃門侍郎肅宗即位拜防中郎將稍遷城門校尉建初二年金城隴西保塞羌皆反羌東吾燒當之後也以其父滇吾降漢乃入居塞內故稱保塞拜防行車騎將軍事以長水校尉耿恭副將北軍五校兵及諸郡積射士三萬人擊之軍到冀而羌豪布橋等圍南部都

尉於臨洮防欲救之臨洮道險車騎不得方駕防乃別使兩司馬將數百騎分爲前後軍去臨洮十餘里爲大營多樹幡幟揚言大兵旦當進羌候見之馳還言漢兵盛不可當明旦遂鼓譟而前羌虜驚走因追擊破之斬首虜四千餘人遂解臨洮圍防開以恩信燒當種皆降唯布橋等二萬餘人在臨洮西南望曲谷酈元注水經云望曲在臨洮西南去龍桑城二百里十二月羌又敗耿恭司馬及隴西長史於和羅谷死者數百人明年春防遣司馬夏駿將五千人從大道向其前潛遣司馬馬彭將五千人從間道衝其心腹又令將兵長史李調等將四千人繞其西三道俱擊復破之斬獲千餘人得牛羊十餘萬頭羌退走夏駿追之反爲所敗防乃引兵與戰於索西又破之索西縣名故城在今岷州和政縣東亦名臨洮東城亦謂之赤城沙州記云從東洮至西洮一百二十里東洮卽謂此城布橋迫急將種人萬餘降詔徵防還拜車騎將軍城門校尉如故防貴寵最盛與九卿絕席光自越騎

校尉遷執金吾四年封防潁陽侯光爲許陽侯兄弟二人各六千戶防以顯宗寢疾入參醫藥又平定西羌增邑千三百五十戶屢上表讓位俱以特進就第皇太后崩明年拜防光祿勳光爲衛尉防數言政事多見采用是冬始施行十二月迎氣樂防所上也解見章帝紀子鉅爲常從小侯以小侯故得常從也六年正月以鉅當冠禮記曰二十弱冠儀禮曰士冠筮於廟門主人玄冠朝服有司如主人服卒筮旅占告吉若不吉卽筮遠日如初前期三日筮賓如筮日之儀陳服于房中西墉下東領北上始加緇布冠次皮弁次加爵弁嫡子冠於阼以著代也三加而彌尊冠而字之敬其名也祝曰令月吉辰加爾元服棄爾幼志順爾成德特拜爲黃門侍郎肅宗親御章臺下殿陳鼎俎自臨冠之明年防復以病乞骸骨詔賜故中山王田廬中山王焉以郭太后少子故獨留京師建武三十年徙封中山永平二年就國故以其田廬賜防也以特進就第防兄弟貴盛奴婢各千人已上資產巨億皆買京師膏腴美田又大起第觀連閣臨道彌亘街路多聚聲樂曲度比諸郊廟曲度謂曲之節度也賓客奔湊四方畢至京兆杜篤之徒數百人常爲食客居門下刺史守令多出其家歲

時賑給鄉閭故人莫不周給防又多牧馬畜賦斂羌胡帝不喜之數加譴敕所以禁遏甚備由是權埶稍損賓客亦衰八年因兄子豫怨謗事有司奏防兄弟奢侈踰僭濁亂聖化悉免就國臨上路詔曰舅氏一門俱就國封四時陵廟無助祭先后者朕甚傷之其令許侯思愆田廬有司勿復請留之於京守田廬而思愆過也以慰朕渭陽之情渭陽詩秦風也秦康公送舅晉文公于渭之陽念母之不見也其詩曰我見舅氏如母存焉光爲人小心周密喪母過哀東觀記曰光遭母喪哀慟感傷形骸骨立帝以是特親愛之乃復位特進子康黃門侍郎永元二年光爲太僕康爲侍中及竇憲誅光坐與厚善復免就封後憲奴誣光與憲逆自殺東觀記曰奴名玉當初竇氏有事玉當亡私從光乞不與恨去懷挾欲中光官捕得玉當因告言光與憲有惡謀光以被誣不能自明乃自殺光死後憲他奴郭扈自出證明光憲無惡言光子郎上書迎光喪葬舊塋詔許之家屬歸本郡本郡復殺康而防及廖子遵皆坐徙封丹陽防爲翟鄉侯租歲限三百萬不得臣吏民防後以江南下溼上書乞歸本郡和帝聽之十三年卒子鉅嗣後爲長水校

尉永初七年鄧太后詔諸馬子孫還京師隨四時見會如故事復紹封光子郎爲合鄉侯

嚴字威卿父余王莽時爲揚州牧嚴少孤（東觀記曰余卒時嚴七歲依姊壻父九江連率平河侯王述明年母復終會述失郡居沛郡建武三年余外孫右扶風曹貢爲梧安侯相迎嚴歸養視之至四年叔父援從車駕東征過梧安乃將兄弟西嚴年十三至雒陽留寄郎朱仲孫舍大奴步護視之也）而好擊劍習騎射（東觀記曰嚴從其故門生肆都學擊劍習騎射）後乃白援從平原楊太伯講學專心墳典能通春秋左氏（東觀記曰從司徒祭酒陳元受之）因覽百家羣言遂交結英賢京師大人咸器異之（大人長者之稱也）仕郡督郵援常與計議委以家事弟敦字孺卿亦知名援卒後嚴乃與敦俱歸安陵居鉅下（決錄注曰鉅下地名也）三輔稱其義行號曰鉅下二卿明德皇后既立嚴乃閉門自守猶復慮致譏嫌遂更從北地斷絕賓客永平十五年皇后敕使移居洛陽顯宗召見嚴進對閑雅意甚異之有詔留仁壽闥與校書郎杜撫班固等雜定建武注記常與宗室近親臨邑侯劉復等論議政

事甚見寵幸後拜將軍長史將北軍五校士羽林禁兵三千人屯西河美稷美稷縣名衛護南單于聽置司馬從事牧守謁敬同之將軍敕嚴過武庫祭蚩尤武庫掌兵器令一人秩六百石前書音義曰蚩尤古天子好五兵故令祭之見高祖紀帝親御阿閣阿曲也觀其士眾時人榮之肅宗即位徵拜侍御史中丞除子鱄為郎鱄音持兗反令勸學省中勸勉也前書王鳳薦班伯於成帝宜勸學召見宴昵殿是也其冬有日食之災嚴上封事曰臣聞日者眾陽之長食者陰侵之徵書曰無曠庶官天工人其代之尚書咎繇之詞言王者代天官人也故考績黜陟以明褒貶尚書曰三載考績三考黜陟幽明無功不黜明陰盛陵陽臣伏見方今刺史太守專州典郡不務奉事盡心為國而司察偏阿取與自己同則舉為尤異異則中以刑法中音陟仲反不即垂頭塞耳採取財賂今益州刺史朱酺揚州刺史倪說倪音五兮反說音悅涼州刺史尹業等每行考事輒有物故考按也又選舉不實曾無貶坐是使臣下得作威福也故事州郡所舉上奏司直察

能否㠯懲虛實前書武帝元狩五年初置司直比二千石掌佐丞相舉不法續漢書曰光武以武帝故事置司直居丞相府助督錄諸州建武十八年省之令宜加防檢式遵前制舊丞相御史親治職事唯丙吉㠯年老優游不案吏罪丙吉字少卿魯人也宣帝時爲丞相掾史有罪終無所驗公府不按吏自吉始也見前書於是宰府習爲常俗更共罔養㠯崇虛名罔養猶依違也或未曉其職便復遷徙誠非建官賦祿之意宜敕正百司各責㠯事州郡所舉必得其人若不如言裁㠯法令傳曰上德㠯寬服民其次莫如猛故火烈則人望而畏之水懦則人狎而翫之爲政者寬㠯濟猛猛㠯濟寬左傳鄭子產誡子太叔爲政之詞也如此綏御有體災眚消矣眚亦災也書奏帝納其言而免酺等官建初元年遷五官中郎除三子爲郎嚴數薦達賢能申解冤結多見納用復㠯五官中郎將行長樂衛尉事二年拜陳留太守嚴當之職乃言於帝曰昔顯親侯竇固誤先帝出兵西域置伊吾盧屯煩費無益又竇勳受誅其家不宜親近京師是時勳女爲皇后竇氏方寵時有側聽

嚴言者以告竇憲兄弟由是失權貴心嚴下車明賞罰發姦慝郡界清靜時京師訛言賊從東方來百姓奔走轉相驚動諸郡遑急各以狀聞嚴察其虛妄獨不爲備詔書敕問使驛係道嚴固執無賊後卒如言典郡四年坐與宗正劉軼少府丁鴻等更相屬託徵拜太中大夫十餘日遷將作大匠七年復坐事免後既爲竇氏所忌遂不復在位及帝崩竇太后臨朝嚴乃退居自守訓教子孫永元十年卒于家時年八十二弟敦官至虎賁中郎將嚴七子（謂固伉歆鱄融酉續）唯續融知名續字季則七歲能通論語十三明尚書十六治詩博觀羣籍善九章算術（劉徽九章算術曰方田第一粟米第二差分第三少廣第四商功第五均輸第六盈不足第七方程第八句股第九）順帝時爲護羌校尉遷度遼將軍所在有威恩稱融自有傳

棱字伯威援之族孫也少孤依從兄毅共居業恩猶同產毅卒無子棱心喪三年（東觀記曰毅張掖屬國都尉）建初中仕郡功曹舉孝廉及馬氏廢肅

宗㠯棱行義徵拜謁者章和元年遷廣陵太守時穀貴民飢奏罷鹽官㠯利百姓賑貧羸薄賦斂興復陂湖溉田二萬餘頃吏民刻石頌之（東觀記曰棱在廣陵蝗蟲入江海化為魚蝦興復陂湖增歲租十餘萬斛）永元二年轉漢陽太守有威嚴稱大將軍竇憲西屯武威棱多奉軍費侵賦百姓憲誅坐抵罪後數年江湖多劇賊㠯棱為丹陽太守棱發兵掩擊皆禽滅之轉會稽太守治亦有聲轉河內太守永初中坐事抵罪卒于家

贊曰伏波好功爰自冀隴南靜駱越西屠燒種徂年已流壯情方勇明德既升家祚㠯興廖乏三趣防遂驕陵（左氏傳曰宋正考甫三命滋益恭一命而僂再命而傴三命而俯循牆而走亦莫余敢侮）

馬援列傳第十四

後漢書二十四

後漢書二十五

唐章懷太子賢注

卓魯魏劉列傳第十五 魯恭弟丕

卓茂字子康南陽宛人也父祖皆至郡守茂元帝時學於長安事博士江生（江生魯人江翁也昭帝時爲博士號魯詩宗見前書）習詩禮及歷筭究極師法稱爲通儒性寬仁恭愛鄉黨故舊雖行能與茂不同而皆愛慕欣欣焉（東觀記曰茂爲人恬蕩樂道推實不爲華貌行己在於淸濁之間自束髮至白首與人未嘗有爭競）初辟丞相府史事孔光光稱爲長者時嘗出行有人認其馬茂問曰子亡馬幾何時對曰月餘日矣茂有馬數年心知其謬嘿解與之挽車去顧曰若非公馬幸至丞相府歸我他日馬主別得亡者乃詣府送馬叩頭謝之茂性不好爭如此後以儒術舉爲侍郎給事黃門遷密令（密今洛州密縣也）勞心諄諄視人如子（諄諄忠謹之貌也詩曰誨爾諄諄音之順反）舉善而教口無惡言吏人親愛而不忍欺之（家語曰宓子賤爲單父宰人不忍欺）人常有言部亭長受其米肉遺者（部謂所部也）茂辟左右

問之曰亭長為從汝求乎為汝有事屬之而受乎將平居自以恩意遺之乎人曰往遺之耳茂曰遺之而受何故言邪人曰竊聞賢明之君使人不畏吏吏不取人今我畏吏是以遺之吏既卒受故來言耳茂曰汝為敝人矣凡人所以貴於禽獸者以有仁愛知相敬事也今鄰里長老尚致饋遺此乃人道所以相親況吏與民乎吏顧不當乘威力強請求耳凡人之生羣居雜處故有經紀禮義以相交接汝獨不欲修之寧能高飛遠走不在人間邪亭長素善吏歲時遺之禮也人曰苟如此律何故禁之茂笑曰律設大法禮順人情今我以禮教汝汝必無怨惡以律治汝何所措其手足乎一門之內小者可論大者可殺也且歸念之於是人納其訓吏懷其恩初茂到縣有所廢置吏人笑之鄰城聞者皆嗤其不能河南郡為置守令茂不為嫌理事自若東觀記曰守令與茂並居久之吏人不歸往守令數年教化大

行道不拾遺平帝時天下大蝗河南二十餘縣皆被其災獨不入密縣界督郵言之（漢書志曰郡監縣有五部部有督郵掾以察諸縣也）太守不信自出案行見乃服焉是時王莽秉政置大司農六部丞勸課農桑（王莽攝政置大司農部丞十三人人部一州勸課農桑今書及東觀記並言六部）遷茂爲京部丞密人老少皆涕泣隨送及莽居攝以病免歸郡常爲門下掾祭酒不肯作職吏更始立以茂爲侍中祭酒（續漢志曰侍中無員掌侍左右顧問應對本有僕射一人中興轉爲祭酒）從至長安知更始政亂以年老乞骸骨歸時光武初即位先訪求茂茂詣河陽謁見（東觀記曰茂時年七十餘矣）乃下詔曰前密令卓茂束身自修執節淳固誠能爲人所不能爲夫名冠天下當受天下重賞故武王誅紂封比干之墓表商容之閭（王子比干紂殺之商容殷賢臣武王入殷命閎夭封比干之墓命畢公表商容之閭表旌顯也閭里門也事見史記）今以茂爲太傅封褒德侯食邑二千戶（東觀記續漢書皆作宣德侯）賜几杖車馬衣一襲絮五百斤（單複具謂之襲）復以茂長子戎爲太中大夫次子崇爲中郎給事黃門建武四年薨賜棺槨冢地

車駕素服親臨送葬子崇嗣徙封沂鄉侯官至大司農沂鄉在琅邪郡不其縣崇卒子棽嗣棽音丑金反又所金反棽卒子訢嗣訢卒子隆嗣永元十五年隆卒無子國除初茂與同縣孔休陳留蔡勳安衆劉宣楚國龔勝上黨鮑宣六人同志不仕王莽時並名重當時休字子泉哀帝初守新都令新都縣也屬南陽郡後王莽秉權休去官歸家及莽篡位遣使齎玄纁束帛請為國師遂歐血託病杜門自絕光武即位求休勳子孫賜穀以旌顯之劉宣字子高安衆侯崇之從弟知王莽當篡乃變名姓抱經書隱避林藪建武初乃出光武以宣襲封安衆侯擢龔勝子賜為上谷太守勝鮑宣事在前書勳事在玄孫邕傳

論曰建武之初雄豪方擾虓呼者連響嬰城者相望虓虎怒也詩曰闞如虓虎嬰城言以城自嬰繞斯固倥偬不暇給之日字書曰倥偬窮困也給足也日促事多不暇給足也卓茂斷斷小宰無他庸能斷斷猶專一也書曰斷斷猗無它技時已七十餘矣而首加聘命優辭重禮其與周

燕之君表閭立館何異哉（史記燕昭王即位欲雪齊恥以招賢者得郭隗爲築宮而師事之）於是縕憤歸道之賓（縕積也）越關阻捐宗族以排金門者衆矣夫厚性寬中近於仁犯而不校鄰於恕（校報也鄰近也曾子曰犯而不校）率斯道也怨悔曷其至乎（怨謂爲人所怨也悔恨也）

魯恭字仲康扶風平陵人也其先出於魯頃公爲楚所滅遷於下邑因氏焉世吏二千石哀平閒自魯而徙祖父匡王莽時爲羲和有權數號曰智囊（匡設六筦之法以窮工商故曰權數）父某建武初爲武陵太守卒官時恭年十二弟丕七歲晝夜號踊不絕聲郡中賻贈無所受（公羊傳曰貨財曰賻）乃歸服喪禮過成人鄉里奇之十五與母及丕俱居太學習魯詩（高祖時魯申公詩也）閉戶講誦絕人閒事兄弟俱爲諸儒所稱學士爭歸之太尉趙憙慕其志每歲時遣子問以酒糧皆辭不受（問遺也）恭憐丕小欲先就其名託疾不仕郡數以禮請謝不肯應母彊遣之恭不得已而西因留新豐教授建初初丕舉方正恭乃始爲郡吏太傅趙憙

聞而辟之肅宗集諸儒於白虎觀恭特以經明得召與其議（與音豫）復舉恭直言待詔公車拜中牟令恭專以德化爲理不任刑罰訟人許伯等爭田累守令不能決恭爲平理曲直皆退而自責輟耕相讓亭長從人借牛而不肯還之牛主訟於恭恭召亭長勑令歸牛者再三猶不從恭歎曰是教化不行也欲解印綬去掾史泣涕共留之（續漢志曰縣置掾史如郡）亭長乃慙悔還牛詣獄受罪恭貰不問（貰音時夜反）於是吏人信服建初七年郡國螟傷稼犬牙緣界不入中牟河南尹袁安聞之疑其不實使仁恕掾肥親往廉之（仁恕掾主獄屬河南尹見漢官儀廉察也）恭隨行阡陌俱坐桑下有雉過止其傍傍有童兒親曰兒何不捕之兒言雉方將雛親瞿然而起（瞿音久住反）與恭訣曰所以來者欲察君之政迹耳今蟲不犯境此一異也化及鳥獸此二異也豎子有仁心此三異也久留徒擾賢者耳還府具以狀白安是歲嘉禾生恭便坐庭

中便坐於便側之處非正室也續漢書云恭謙不矜功封以言府府即奏上尹以檄勞曰君以名德久屈中牟物產之化流行天降休瑞應行而生尹甚嘉之安因上書言狀帝異之會詔百官舉賢良方正恭薦中牟名士王方帝即徵方詣公車禮之與公卿所舉同方致位侍中恭在事三年州舉尤異會遭母喪去官吏人思之後拜侍御史和帝初立議遣車騎將軍竇憲與征西將軍耿秉擊匈奴恭上疏諫曰陛下親勞聖思日昃不食憂在軍役誠欲以安定北垂爲人除患定萬世之計也臣伏獨思之未見其便社稷之計萬人之命在於一舉數年以來秋稼不熟人食不足倉庫空虛國無蓄積會新遭大憂人懷恐懼章帝崩也陛下躬大聖之德履至孝之行盡諒陰三年聽於冢宰百姓闕然三時不聞警蹕之音三時秋夏冬也天子出警入蹕和帝章和二年二月即位明年春議擊匈奴帝在諒陰不出故百姓三時不聞警蹕莫不懷思皇皇若有求而不得禮記檀弓曰魯人顏丁善居喪始死皇皇焉如有求而不得言百姓思帝故恭引之今乃以盛春之月興發軍役擾動天下以事戎狄誠非所以垂恩中國改

元正時由內及外也萬民者天之所生天愛其所生猶父母愛其子一物有不得其所者則天氣爲之舛錯況於人乎故愛人者必有天報昔太王重人命而去邠故獲上天之祐史記古公修后稷公劉之業國人皆戴之戎翟攻之人人皆怒欲戰古公曰人以我故戰殺人父子子不忍爲乃與私屬盡去邠止于岐山邠人舉國扶老攜弱盡復歸于岐下旁國聞之亦多歸附古公乃營築城郭室屋而邑之人皆歌頌其德武王即位追尊古公爲太王夫戎狄者四方之異氣也蹲夷踞肆與鳥獸無別夷平也肆放也言平坐踞傲肆放無禮也若雜居中國則錯亂天氣汙辱善人是曰聖王之制羈縻不絕而已字書曰羈馬絡頭也蒼頡篇曰縻牛韁也今邊境無事宜當修仁行義尚於無爲令家給人足安業樂產夫人道乂於下則陰陽和於上祥風時雨覆被遠方夷狄重譯而至矣易曰有孚盈缶終來有它吉易比卦辭也孚誠信也缶土器也王弼注云親乎天下著信盈缶應者豈一道而來故必有它吉也言甘雨滿我之缶誠來有我而吉已比卦坤下坎上坤爲土缶之象也坎爲水雨之象也坎在坤上故曰甘雨滿我之缶有誠信則它人來附而言也夫吕德勝人者昌吕力勝人者亡今匈奴爲鮮卑所殺遠臧於史侯河西去塞數千里而欲乘其

虛耗利其微弱是非義之所出也前太僕祭肜遠出塞外卒不見一胡而兵已困矣〔永平十六年竇固祭肜耿秉來苗等四道出擊匈奴固至天山擊走呼衍王肜坐不至涿邪山無所見而還下獄免爲庶人也〕白山之難不絶如綖〔白山即天山也言肜固俱擊匈奴固至天山肜還下獄同歷艱危故曰如綖公羊傳曰中國不絶若綖也〕都護陷没士卒死者如積〔永平末年焉耆龜茲共攻没都護陳睦殺吏士二千餘人〕迄今被其辛毒孤寡哀思之心未弭仁者念之以爲累息奈何復欲襲其迹不顧患難乎今始徵發而大司農調度不足〔度音大各反〕使者在道分部督趣〔趣音促〕上下相迫民間之急亦已甚矣三輔幷涼少雨麥根枯焦牛死日甚此其不合天心之效也羣僚百姓咸曰不可陛下獨奈何以一人之計棄萬人之命不卹其言乎上觀天心下察人志足以知事之得失臣恐中國不爲中國豈徒匈奴而已哉惟陛下畱聖恩休罷士卒以順天心書奏不從每政事有益於人恭輒言其便無所隱諱其後拜爲魯詩博士由是家法學者日盛遷侍中數召讌見問以得失賞賜恩

禮寵異焉。遷樂安相。章帝孫千乘王寵相也。和帝改千乘國爲樂安國，故城在今淄州高苑縣北。是時東州多盜賊，羣輩攻劫，諸郡患之。恭到，重購賞，開恩信，說文曰：「以財相贖曰購。」其渠帥張漢等率支黨降，恭上以漢補博昌尉，博昌縣屬千乘國，今青州縣也。其餘遂自相捕擊，盡破平之，州郡以安。永元九年，徵拜議郎。八月飲酎，齋會章臺，詔使小黃門特引恭前。其夜拜侍中，敕使陪乘，勞問甚渥。冬，遷光祿勳，選舉清平，京師貴戚莫能枉其正。十二年，代呂蓋爲司徒。漢官儀曰：「呂蓋字君上，范陵人。」十五年，從巡狩南陽，除子撫爲郎中，賜駙馬從駕。駙，副也。非正所乘，皆爲副。說文曰：「駙馬，副馬也。」時弟丕亦爲侍中，兄弟父子並列朝廷。後坐事策免。續漢書曰：「坐族弟弘農都尉炳事免官也。」

殤帝卽位，以恭爲長樂衛尉。永初元年，復代梁鮪爲司徒。漢官儀曰：「鮪字伯元，河東平陽人也。」

初，和帝末，下令麥秋得案驗薄刑，而州郡好以苛察爲政，因此遂盛夏斷獄。恭上疏諫曰：「臣伏見詔書，敬若天時，若，順也。尚書堯典曰：「乃命羲和，欽若昊天，敬授人時。」憂念萬民，爲崇和氣，罪非殊死，且勿案驗。進柔良，退貪殘，奉

時令(言順月令以行事也)所㠯助仁德順昊天致和氣則黎民者也舊制至立
秋乃行薄刑自永元十五年㠯來改用孟夏而刺史太守不深惟
憂民息事之原進良退殘之化(月令曰孟夏命太尉贊桀俊遂賢良舉長大行爵出祿必當其位)因㠯盛夏
徵召農人拘對考驗連滯無已司隸典司京師四方是則(漢官儀曰司隸校尉董領京師及三輔三河弘農)而近於春月分行諸部託言勞來貧人而無隱惻之實
煩擾郡縣廉考非急逮捕一人罪延十數(逮及也辭所連及即追捕之)上逆時氣下
傷農業案易五月姤用事(東觀記曰五月姤卦用事姤卦巽下乾上初六一陰爻生五月之卦也本多作后古字通)經曰后㠯
施令誥四方(誥理也易姤卦象曰天下有風姤后以施令誥四方乾為天君之象也后君也故以喻人君施令也)言君㠯夏至之日
施命令止四方行者所㠯助微陰也(易復卦曰先王以至日閉關商旅不行故夏至宜止行也五月陰氣始生故曰微陰)
行者尚止之況於逮召考掠奪其時哉比年水旱傷稼人飢流冗(冗散也)
今始夏百穀權輿陽氣胎養之時(爾雅曰權輿始也萬物皆含胎長養之時)自三月㠯來
陰寒不暖物當化變而不被和氣月令孟夏斷薄刑出輕繫行秋

後漢二十五　六

令則苦雨數來五穀不熟鄭玄注禮記云申之氣乘之也苦雨白露之類也時物得而傷也又曰仲夏挺重囚益其食挺猶寬也行秋令則草木零落酉之氣乘之也八月宿直昴爲獄主殺人傷於疫大陵之氣爲害也大陵星名春秋合誠圖曰大陵主死喪也夫斷薄刑者謂其輕罪已正不欲令久繫故時斷之也臣愚以爲今孟夏之制可從此令其決獄案考皆以立秋爲斷以順時節育成萬物則天地以和刑罰以清矣初肅宗時斷獄皆以冬至之前自後論者互多駁異鄧太后詔公卿以下會議恭議奏曰夫陰陽之氣相扶而行發動用事各有時節若不當其時則物隨而傷王者雖質文不同而茲道無變四時之政行之若一月令周世所造而所據皆夏之時也謂氣候及星辰昏旦皆夏時也其變者唯正朔服色犧牲徽號器械而已夏以建寅爲正服色犧牲徽號器械皆尚黑殷以建丑爲正尚白周以建子爲正尚赤周以夜半爲朔殷以雞鳴爲朔夏以平旦爲朔祭天地宗廟曰犧卜得吉曰牲徽號旌旗之名也器械禮樂之器及甲兵也故曰殷因於夏禮周因於殷禮所損益可知也易曰潛龍勿用龍以喻陽氣易乾卦初九爻辭言十一月十二月陽氣潛藏

未得用事雖呴噓萬物養其根荄（荄草根也荄音該又音皆）而猶盛陰在上地凍水冰陽氣否隔閉而成冬故曰履霜堅冰陰始凝也馴致其道至堅冰也（易坤卦象辭也馴順也言陰以卑順爲道漸至顯著猶自履霜而至堅冰）言五月微陰始起至十一月堅冰至也夫王者之作因時爲法孝章皇帝深惟古人之道助三正之微定律著令（三正三微也前書音義曰言陽氣始施萬物微而未著故曰微一曰天統謂周十一月建子爲正天始施之端也二曰地統謂殷十二月建丑爲正地始化之端也三曰人統謂夏十三月建寅爲正人始成之端也）冀承天心順物性命以致時雍然從變改以來年歲不熟穀價常貴人不寧安小吏不與國同心者率入十一月得死罪賊不問曲直便即格殺雖有疑罪不復讞正一夫吁嗟王道爲虧況於衆乎易十二月君子以議獄緩死（易中孚象辭也稽覽圖中孚十二月卦也）可令疑罪使詳其法大辟之科盡冬月乃斷其立春在十二月中者勿以報因如故事（報因謂奏請報決也）後卒施行恭再在公位選辟高第至列卿郡守者數十人而其耆舊大姓或不蒙薦舉至有怨望者恭聞之

曰學之不講是吾憂也講習也論語孔子之言也諸生不有鄉舉者乎終無所言言人患學之不習耳若能究習自有鄉里之舉豈待要三公之辟乎恭性謙退奏議依經潛有補益然終不自顯故不以剛直爲稱三年以老病策罷六年年八十一卒于家以兩子爲郎長子謙爲隴西太守有名績謙子旭官至太僕從獻帝西入關與司徒王允同謀共誅董卓及李傕入長安旭與允俱遇害

丕字叔陵性沈深好學孳孳不倦孳孳不怠之意遂杜絕交游不答候問之禮士友常以此短之而丕欣然自得遂兼通五經以魯詩尚書教授爲當世名儒後歸郡爲督郵功曹所事之將無不師友待之建初元年肅宗詔舉賢良方正大司農劉寬舉丕時對策者百有餘人唯丕在高第除爲議郎遷新野令視事朞年州課第一擢拜青州刺史務在表賢明慎刑罰七年坐事下獄司寇論司寇刑名也決罪曰論言奏而論決之前書曰司寇二歲刑也元和元年徵再遷拜趙相門生就學者常百餘人關東號

之曰五經復興魯叔陵趙王商嘗欲避疾（商趙王良之孫）便時移住學官丕止不聽（學官謂學舍也）王乃上疏自言詔書下丕丕奏曰臣聞禮諸侯薨於路寢大夫卒於嫡室（路寢嫡室皆正寢禮喪大記之文）死生有命未有逃避之典也學官傳五帝之道修先王禮樂教化之處王欲廢塞以廣游讌事不可聽詔從丕言王以此憚之其後帝巡狩之趙特被引見難問經傳厚加賞賜在職六年嘉瑞屢降吏人重之永元二年遷東郡太守丕在二郡爲人修通溉灌百姓殷富數薦達幽隱名士（續漢書曰薦王恭等皆備帷幄近臣）明年拜陳留太守視事三期後坐稟貧人不實徵司寇論十一年復徵再遷中散大夫（續漢志曰秩六百石無員）時侍中賈逵薦丕道蓺深明宜見任用和帝因朝會召見諸儒丕與侍中賈逵尚書令黃香等相難數事帝善丕說罷朝特賜冠幘履韈衣一襲丕因上疏曰臣以愚頑顯備大位犬馬氣衰猥得進見論難於前無所甄明（甄別也）衣服

之賜誠爲優過臣聞說經者傳先師之言非從己出不得相讓相讓則道不明若規矩權衡之不可枉也（規圓也矩方也權秤錘衡秤衡）難者必明其據說者務立其義浮華無用之言不陳於前故精思不勞而道術愈章法異者各令自說師法博觀其義覽詩人之旨意察雅頌之終始明舜禹皐陶之相戒（尚書帝舜謂禹曰臣作朕股肱耳目禹戒舜曰安汝止愼乃在位咎繇戒禹曰愼厥身修思永惇敘九族在知人禹曰吁咸若時惟帝其難之是相誡也）顯周公箕子之所陳（周公作無逸立政二篇以戒成王箕子爲武王陳洪範九疇之義並見尚書）觀乎人文化成天下（易賁卦曰觀乎天文以察時變觀乎人文以化成天下注云解天之文則時變可知解人文則化成可爲也）陛下既廣納謇謇㠯開四聰無令芻蕘㠯言得罪（芻蕘採薪者也大雅板詩曰詢于芻蕘也）既顯巖穴㠯求仁賢無使幽遠獨有遺失十三年遷爲侍中免永初二年詔公卿舉儒術篤學者大將軍鄧騭舉丕再遷復爲侍中左中郎將再爲三老（三老解見明帝紀也）五年年七十五卒于官

魏霸字喬卿濟陰句陽人也（句音鉤）世有禮義霸少喪親兄弟同居州

里慕其雍和建初中舉孝廉八遷和帝時爲鉅鹿太守以簡朴寬恕爲政掾史有過要先誨其失不改者乃罷之吏或相毁訴霸輒稱它吏之長終不及人短言者懷慙譖訟遂息永元十六年徵拜將作大匠明年和帝崩典作順陵時盛冬地凍中使督促數罰縣吏以厲霸霸撫循而已初不切責而反勞之曰令諸卿被辱大匠過也吏皆懷恩力作倍功延平元年代尹勤爲太常明年已病致仕爲光祿大夫永初五年拜長樂衛尉已病乞身復爲光祿大夫卒於官

劉寬字文饒弘農華陰人也謝承書曰寬少學歐陽尚書京氏易尤明韓詩外傳星官風角算歷皆究極師法稱爲通儒未嘗與人爭勢利之事也角隅也觀四隅之風占之也父崎順帝時爲司徒崎音丘宜反寬嘗行有人失牛者乃就寬車中認之寬無所言下駕步歸有頃認者得牛而送還叩頭謝曰慙負長者隨所刑罪寬曰物有相類事容脫誤幸勞見歸何爲

謝之州里服其不校 校報也論語曰曾子曰犯而不校 桓帝時大將軍辟五遷司徒長史 大將軍梁冀也 時京師地震特見詢問再遷出爲東海相 東海王彊曾孫臻之相也 延熹八年徵拜尚書令遷南陽太守典歷三郡溫仁多恕雖在倉卒未嘗疾言遽色常以爲齊之以刑民免而無恥吏人有過但用蒲鞭罰之示辱而已終不加苦事有功善推之自下災異或見引躬克責每行縣止息亭傳輒引學官祭酒及處士諸生執經對講 續漢書曰博士祭酒秩六百石祭酒本僕射也中興改爲祭酒處士有道藝而在家者 見父老慰以農里之言少年勉以孝悌之訓人感德興行日有所化靈帝初徵拜太中大夫侍講華光殿 洛陽宮殿簿云華光殿在華林園內 遷侍中賜衣一襲轉屯騎校尉遷宗正轉光祿勳熹平五年代許訓爲太尉 漢官儀曰許訓字季師平輿人 靈帝頗好學藝每引見寬常令講經寬常於坐被酒睡伏 被加也爲酒所加也被音平寄反 帝問太尉醉邪寬仰對曰臣不敢醉但任重責大憂心如醉帝重其言寬簡略嗜酒不好盥浴

說文曰滫手曰盥音管 京師以爲諺嘗坐客遣蒼頭市酒迂久大醉而還迂久猶良久也客不堪之罵曰畜產寬須臾遣人視奴疑必自殺顧左右曰此人也罵言畜產辱孰甚焉故吾懼其死也夫人欲試寬令恚伺當朝會裝嚴已訖使侍婢奉肉羹翻汙朝衣婢遽收之寬神色不異乃徐言曰羹爛汝手其性度如此海內稱爲長者後以日食策免拜衛尉光和三年復代段熲爲太尉在職三年以日變免又拜永樂少府遷光祿勳以先策黃巾逆謀先策謂預知也以事上聞封逯鄉侯六百戶逯音錄 中平二年卒年六十六贈車騎將軍印綬位特進謚曰昭烈侯子松嗣官至宗正

贊曰卓魯款款情愨德滿款款忠誠也 仁感昆蟲愛及胎卵童兒不捕雉也寬霸臨政亦稱優緩

卓魯魏劉列傳第十五

金陵書局仿汲古閣本刊

後漢書二十五

伏侯宋蔡馮趙牟韋列傳第十六 伏湛 子隆　後漢書二十六

唐章懷太子賢注

伏湛字惠公琅邪東武人也九世祖勝字子賤所謂濟南伏生者也湛高祖父孺武帝時客授東武因家焉父理爲當世名儒以詩授成帝爲高密太傅別自名學（爲高密王寬傅也寬武帝元孫廣陵王胥後也前書儒林傳曰伏理字君游受詩於匡衡由是齊詩有匡伏之學故言別自名學也）湛性孝友少傳父業教授數百人成帝時以父任爲博士弟子五遷至王莽時爲繡衣執法（武帝置繡衣御史王莽改御史曰執法故曰繡衣執法也）使督大姦遷後隊屬正（王莽改河內爲後隊）更始立以爲平原太守時倉卒兵起天下驚擾而湛獨晏然教授不廢謂妻子曰夫一穀不登國君徹膳（禮記曰年穀不登君膳不祭肺）今民皆飢奈何獨飽乃共食麤糲（糲麤米也九章筭術曰粟五十糲率三十一斛粟得六斗米爲糲也）悉分奉祿以賑鄉里來客者百餘家時門下督素有氣力謀欲爲湛起兵湛惡其惑眾卽收斬之徇首城郭以示百姓於是吏人信向

郡內㠯安平原一境湛所全也光武即位知湛名儒舊臣欲令幹任內職（幹主也）徵拜尚書使典定舊制時大司徒鄧禹西征關中帝㠯湛才任宰相拜爲司直行大司徒事車駕每出征伐常留鎮守總攝羣司建武三年遂代鄧禹爲大司徒封陽都侯（陽都縣名屬城陽國故城在今沂州沂水縣東）時彭寵反於漁陽帝欲自征之湛上疏諫曰臣聞文王受命而征伐五國（五國謂西伯受命伐犬夷伐密須伐耆伐邘伐崇見史記）必先詢之同姓然後謀之羣臣加占蓍龜㠯定行事（書曰謀及卿士謀及卜筮又曰文王惟卜用克綏受茲命詩大雅曰爰始爰謀爰契我龜）故謀則成卜則吉戰則勝其詩曰帝謂文王詢爾仇方同爾兄弟㠯爾鉤援與爾臨衝㠯伐崇墉（詩大雅也仇匹也鉤援梯所引上城也臨臨車也衝衝車也墉城也崇侯倡紂爲無道故伐焉）崇國城守先退後伐（左氏傳曰文王聞崇德亂而伐之軍三旬而不降退修政而復伐之因壘而降）所㠯重人命俟時而動故參分天下而有其二陛下承大亂之極受命而帝興明祖宗出入四年而滅檀鄉制五校降銅馬破赤眉誅鄧奉之屬不爲無功今京師空匱資用不

足未能服近而先事邊外且漁陽之地逼接北狄黠虜困迫必求其助又今所過縣邑尤爲困乏種麥之家多在城郭聞官兵將至當已收之矣大軍遠涉二千餘里士馬罷勞轉糧艱阻今兗豫青冀中國之都而寇賊從橫未及從化漁陽已東本備邊塞地接外虜貢稅微薄安平之時尚資內郡況今荒耗豈足先圖而陛下捨近務遠棄易求難四方疑怪百姓恐懼誠臣之所惑也復願遠覽文王重兵博謀近思征伐前後之宜顧問有司使極愚誠采其所長擇之聖慮以中土爲憂念帝覽其奏竟不親征時賊徐異卿等異卿即獲索賊帥徐少也萬餘人據富平連攻之不下富平縣名屬平原郡故城今棣州厭次縣也唯云願降司徒伏公帝知湛爲青徐所信向遣到平原異卿等即日歸降護送洛陽湛雖在倉卒造次必於文德以爲禮樂政化之首顛沛猶不可違顛沛猶僵仆也是歲奏行鄉飲酒禮遂施行之其冬車駕征張步留湛

居守時蒸祭高廟冬祭曰蒸也而河南尹司隸校尉於廟中爭論湛不舉奏坐策免六年徙封不其侯邑三千六百戶遣就國不其縣名屬琅邪郡其音基後南陽太守杜詩上疏薦湛曰臣聞唐虞以股肱康文王以多士寧是故詩稱濟濟書曰良哉大雅詩曰濟濟多士尚書曰股肱良哉臣詩竊見故大司徒陽都侯伏湛自行束脩訖無毀玷訖竟也玷缺也自行束脩謂年十五以上篤信好學守死善道經爲人師行爲儀表前在河內朝歌及居平原朝歌河內縣名也故城在今衛州衛縣西王莽改河內爲後隊謂湛爲隊屬正也吏人畏愛則而象之遭時反覆不離兵凶秉節持重有不可奪之志陛下深知其能顯以宰相之重衆賢百姓仰望德義微過斥退久不復用有識所惜儒士痛心臣竊傷之湛容貌堂堂國之光暉堂堂盛威儀也智略謀慮朝之淵藪髫髮厲志白首不衰埤蒼曰髫髦也髫髮謂童子垂髮也實足以先後王室名足以光示遠人先後相導也詩大雅曰予曰有先後先音先見反後音胡口反古者選擢諸侯以爲公卿是故四方回首仰望京師左傳曰鄭武公莊公爲平王卿士東觀記曰詩上書

武公莊公所以砥礪蕃屏勸進忠信令四方諸侯咸欒回首仰望京師柱石之臣宜居輔弼柱石承棟梁也前書曰延年曰將軍爲國柱石尚書大傳曰古者天子必有四鄰前曰疑後曰承左曰輔右曰弼天子有問無以對責之疑可志而不志責之承可正而不正責之輔可揚而不揚責之弼出入禁門補缺拾遺臣詩愚戇不足以知宰相之才竊懷區區敢不自竭臣前爲侍御史上封事言湛公廉愛下好惡分明累世儒學素持名信經明行修通達國政尤宜近侍納言左右舊制九州五尚書令一郡二人蓋舊制九州共選五人以任尚書令則一郡乃有二人故欲以湛代一人之處可以湛代頗爲執事所非但臣詩蒙恩深渥所言誠有益於國雖死無恨故復越職觸冒以聞十三年夏徵敕尚書擇拜吉日未及就位因讌見中暑病卒賜祕器帝親弔祠遣使者送喪修家二子隆翕翕嗣爵卒子光嗣光卒子晨嗣東觀記曰晨尚高平公主晨謙敬博愛好學尤篤以女孫爲順帝貴人奉朝請位特進卒子無忌嗣亦傳家學博物多識順帝時爲侍中屯騎校尉永和元年詔無忌與議郎黃景校定中書五經諸子百家藝術中書

內中之書也蓺文志曰諸子凡一百八十九家言百家舉其成數也蓺謂書數射御術謂醫方卜筮元嘉中桓帝復詔無忌與黃景崔寔等共撰漢記又自采集古今刪著事要號曰伏侯注其書上自黃帝下盡漢質帝為八卷見行于今無忌卒子質嗣官至大司農質卒子完嗣尚桓帝女陽安長公主女為孝獻皇后曹操殺后誅伏氏國除初自伏生已後世傳經學清靜無競故東州號為伏不鬭云

隆字伯文少以節操立名東觀記隆作盛字伯明仕郡督郵建武二年詣懷宮光武甚親接之時張步兄弟各擁彊兵據有齊地拜隆為太中大夫持節使青徐二州招降郡國隆移檄告曰乃者猾臣王莽殺帝盜位宗室興兵除亂誅莽故羣下推立聖公以主宗廟而任用賊臣殺戮賢良三王作亂盜賊從橫忤逆天心三王見聖公傳卒為赤眉所害皇天祐漢聖哲應期陛下神武奮發以少制眾故尋邑以百萬之軍潰散於昆陽王郎以全趙之師土崩於邯鄲全趙謂舉趙之地大肜高胡望

旗消靡鐵脛五校莫不摧破梁王劉永幸以宗室屬籍爵爲侯王不知厭足自求禍棄遂封爵牧守造爲詐逆今虎牙大將軍屯營十萬已拔睢陽劉永奔迸家已族矣此諸君所聞也不先自圖後悔何及青徐羣盜得此惶怖獲索賊右師郎等六校卽時皆降（右或爲古）張步遣使隨隆（東觀記步遣其掾孫昱隨之）詣闕上書獻鰒魚（郭璞注三蒼云鰒似蛤偏著石廣志曰鰒無鱗有殼一面附石細孔雜雜或七或九本草云石决明一名鰒魚音步角反）其冬拜隆光祿大夫復使於步幷與新除青州牧守及都尉俱東詔隆輒拜令長以下隆招懷綏緝多來降附帝嘉其功比之酈生（酈生酈食其也說齊王廣下齊七十餘城食其音異基）卽拜步爲東萊太守而劉永亦復遣使立步爲齊王步貪受王爵冘豫未決（冘音以今反）隆曉譬曰高祖與天下約非劉氏不王今可得爲十萬戶侯耳步欲留隆與共守二州隆不聽（二州青州徐州也）求得反命步遂執隆而受永封隆遣閒使上書曰臣隆奉使無狀（言罪大也）受執凶逆雖在困戹授命不顧又吏

人知步反畔心不附之願以時進兵無以臣隆爲念臣隆得生到闕廷受誅有司此其大願若令沒身寇手以父母昆弟長累陛下累託也音力僞反陛下與皇后太子永享萬國與天無極帝得隆奏召父湛流涕以示之曰隆可謂有蘇武之節武帝時蘇武使匈奴會衞律所將降者陰相與謀劫單于母閼氏歸漢事發單于使衞律考其事召武受辭武不屈節引佩刀自刺單于欲降武武不降杖節牧羊海上臥起操持節節旄盡落在匈奴中十九年乃得歸漢見前書也恨不且許而遽求還也其後步遂殺之時人莫不憐哀焉五年張步平車駕幸北海詔隆中弟咸收隆喪賜給棺斂太中大夫護送喪事詔告琅邪作冢以子瑗爲郎中

侯霸字君房河南密人也族父淵以宦者有才辯任職元帝時佐石顯等領中書號曰大常侍成帝時任霸爲太子舍人漢官儀曰太子舍人選良家子孫秩二百石霸矜嚴有威容家累千金不事產業篤志好學師事九江太守房元治穀梁春秋爲元都講東觀記曰從鍾寧君受律也王莽初五威司命陳崇

舉霸德行遷隨宰王莽置五威司命將軍又改縣令長曰宰隨縣名屬南陽郡今隨州縣也縣界曠遠濱帶江湖而亡命者多爲寇盜霸到即案誅豪猾分捕山賊縣中清靜再遷爲執法刺姦王莽傳曰置執法左右刺姦選能吏侯霸等分督六尉六隊如漢刺史糾案埶位者無所疑憚後爲淮平大尹政理有能名王莽改臨淮郡爲淮平及王莽之敗霸保固自守卒全一郡更始元年遣使徵霸東觀記曰遣謁者侯盛荆州刺史費遂齎璽書徵霸百姓老弱相攜號哭遮使者車或當道而臥皆曰願乞侯君復留朞年民至乃戒乳婦勿得舉子侯君當去必不能全使者慮霸就徵臨淮必亂不敢授璽書具以狀聞會更始敗道路不通建武四年光武徵霸與車駕會壽春拜尚書令時無故典朝廷又少舊臣霸明習故事收錄遺文條奏前世善政法度有益於時者皆施行之每春下寬大之詔奉四時之令皆霸所建也月令春布德行慶施惠下人故曰寬大奉四時謂依月令也明年代伏湛爲大司徒封關內侯在位明察守正奉公不回十三年霸薨帝深傷惜之親

自臨弔下詔曰惟霸積善清絜視事九年漢家舊制丞相拜日封爲列侯漢自高祖以列侯爲丞相武帝以元勳佐命皆盡拜公孫弘爲丞相封平津侯因以爲故事朕以軍師暴露功臣未封緣忠臣之義不欲相踰未及爵命奄然而終嗚呼哀哉於是追封謚霸則鄉哀侯食邑二千六百戶子昱嗣臨淮吏人共爲立祠四時祭焉以沛郡太守韓歆代霸爲大司徒歆字翁君南陽人以從攻伐有功封扶陽侯好直言無隱諱帝每不能容嘗因朝會聞帝讀隗囂公孫述相與書歆曰亡國之君皆有才桀紂亦有才帝大怒以爲激發歆又證歲將飢凶指天畫地言甚剛切坐免歸田里帝猶不釋復遣使宣詔責之司隸校尉鮑永固請不能得歆及子嬰竟自殺歆素有重名死非其罪衆多不厭厭音一葉反帝乃追賜錢穀以成禮葬之成禮具禮也言不以非命而降其葬禮後千乘歐陽歙清河戴涉相代爲大司徒坐事下獄死自是大臣難居相任其後河南蔡茂京兆玉況玉音肅

魏郡馮勤皆得薨位況字文伯性聰敏爲陳留太守以德行化人遷司徒四年薨昱後徙封於陵侯（於陵縣名屬濟南郡故城在今淄州長山縣南）永平中兼太僕昱卒子建嗣建卒子昌嗣

宋弘字仲子京兆長安人也父尚成帝時至少府哀帝立以不附董賢違忤抵罪弘少而溫順哀平閒作侍中王莽時爲共工（王莽改少府曰共工）赤眉入長安遣使徵弘逼迫不得已行至渭橋自投於水家人救得出因佯死獲免光武即位徵拜太中大夫建武二年代王梁爲大司空封栒邑侯（栒音恂）所得租奉分贍九族家無資產以清行致稱徙封宣平侯帝嘗問弘通博之士弘乃薦沛國桓譚才學洽聞幾能及揚雄劉向父子（幾音祈洽浹洽也幾近也前書班固曰谷永經書汎爲疏達不能浹洽如劉向父子及揚雄也故弘引焉）於是召譚拜議郎給事中帝每讌輒令鼓琴好其繁聲弘聞之不悅悔於薦舉伺譚內出正朝服坐府上遣吏召之譚至不與席而讓之曰

吾所㠯薦子者欲令輔國家㠯道德也而今數進鄭聲㠯亂雅頌非忠正者也（論語孔子曰惡鄭聲之亂雅樂也史記曰鄭音好濫淫志也）能自改邪將令相舉㠯法乎譚頓首辭謝良久乃遣之後大會羣臣帝使譚鼓琴譚見弘失其常度帝怪而問之弘乃離席免冠謝曰臣所㠯薦桓譚者望能㠯忠正導主而令朝廷耽悅鄭聲臣之罪也帝改容謝使反服其後遂不復令譚給事中弘推進賢士馮翊桓梁三十餘人或相及爲公卿者（及猶繼也）弘當讌見御坐新屏風圖畫列女帝數顧視之弘正容言曰未見好德如好色者帝卽爲徹之笑謂弘曰聞義則服可乎對曰陛下進德臣不勝其喜時帝姊湖陽公主新寡帝與共論朝臣微觀其意主曰宋公威容德器羣臣莫及帝曰方且圖之後弘被引見帝令主坐屏風後因謂弘曰諺言貴易交富易妻人情乎弘曰臣聞貧賤之交不可忘糟糠之妻不下堂帝顧謂主曰事不諧

矣弘在位五年坐考上黨太守無所據免歸第言無罪狀可據數年卒無子國除弘弟嵩以剛彊孝烈著名官至河南尹嵩子由章和間爲太尉坐阿黨竇憲策免歸本郡自殺由二子漢登登在儒林傳漢字仲和以經行著名舉茂才四遷西河太守永建元年爲東平相度遼將軍爲東平王蒼曾孫端相也立名節以威恩著稱遷太僕上病自乞拜太中大夫卒策曰太中大夫宋漢清修雪白正直無邪前在方外仍統軍實仍頻也統領也軍實謂軍之所資也左傳曰隳軍實懷柔異類莫匪嘉績戎車載戢邊人用寧錄乃勳引登九列因病退讓守約彌堅將授三事未剋而終朝廷愍悼怛其愴然詩不云乎肇敏戎功用錫爾祉大雅江漢之詩也吉甫美宣王能興衰撥亂命召公平淮夷毛萇注云肇謀也敏疾也戎大也功事也祉謂福慶其令將相大夫會葬加賜錢十萬及其在賓以全素絲羔羊之絜焉詩國風曰羔羊之皮素絲五紽退食自公委蛇委蛇退食減膳也言卿大夫皆衣羔羊之裘素絲自減膳食從於公事行步委蛇自得子則字元矩爲鄢陵令亦有名迹拔同郡韋著扶風法眞稱爲

知人則子年十歲與蒼頭共弩射蒼頭弦斷矢激誤中之即死奴叩頭就誅則察而恕之潁川荀爽深以爲美時人亦服焉

論曰中興以後居台相總權衡多矣其能以任職取名者豈非先遠業後小數哉遠業謂德禮小數謂名法也故惠公造次急於鄉射之禮君房入朝先奏寬大之令夫器博者無近用道長者其功遠蓋志士仁人所爲根心者也根猶本也君子以之得固貴矣以之失亦得矣以之得謂行道義而得固可貴矣以之失謂行道義而失亦爲得也宋弘止繁聲戒淫色其有關雎之風乎詩序曰關雎樂得淑女以配君子憂在進賢不淫其色也

蔡茂字子禮河內懷人也哀平間以儒學顯徵試博士對策陳災異以高等擢拜議郎遷侍中遇王莽居攝以病自免不仕莽朝會天下擾亂茂素與竇融善因避難歸之融欲以爲張掖太守固辭不就每所餉給計口取足而已後與融俱徵復拜議郎再遷廣漢

太守有政績稱時陰氏賓客在郡界多犯吏禁茂輒糾案無所回
避會洛陽令董宣舉糾湖陽公主帝始怒收宣既而赦之茂喜宣
剛正欲令朝廷禁制貴戚乃上書曰臣聞興化致教必由進善康
國寍人莫大理惡陛下聖德係興再隆大命即位㠯來四海晏然
誠宜夙興夜寐雖休勿休然頃者貴戚椒房之家數因恩埶干犯
吏禁殺人不死傷人不論臣恐繩墨棄而不用（繩墨諭章程也）斧斤廢而不
舉（斧斤謂刑戮也賈誼曰釋斤斧之用也）近湖陽公主奴殺人西市而與主共輿出入宮省
逋罪積日冤魂不報洛陽令董宣直道不顧干主討姦陛下不先
澄審召欲加箠當宣受怒之初京師側耳及其蒙宥天下拭目今
者外戚憍逸賓客放濫宜敕有司案理姦罪使執平之吏永申其
用㠯厭遠近不緝之情（緝叶也）光武納之建武二十年代戴涉爲司徒
在職清儉匪懈二十三年薨于位時年七十二賜東園梓棺賵贈

甚厚東園署名主作棺也茂初在廣漢夢坐大殿極上有三穗禾茂跳取之得其中穗輒復失之屋之大者古通呼爲殿也極殿梁也前書音義曰三輔間謂屋梁爲極㠯問主簿郭賀賀離席慶曰大殿者宮府之形象也極而有禾人臣之上祿也取中穗是中台之位也於字禾失爲秩雖曰失之乃所㠯得祿秩也袞職有闕君其補之三公服袞畫爲龍龍首袞袞然故言龍袞詩曰袞職有闕仲山甫補之旬月而茂徵焉乃辟賀爲掾

賀字喬卿雒陽人祖父堅伯父游君並修清節不仕王莽賀能明法累官建武中爲尚書令在職六年曉習故事多所匡益拜荊州刺史引見賞賜恩寵隆異及到官有殊政百姓便之歌曰厥德仁明郭喬卿忠正朝廷上下平顯宗巡狩到南陽特見嗟歎賜㠯三公之服黼黻冕旒三公服袞冕黼若斧形黻若兩己相背冕以木爲之衣以帛玄上纁下廣八寸長尺六寸旒謂冕前後所垂玉也天子十二旒上公九旒敕行部去襜帷使百姓見其容服㠯章有德每所經過吏人指㠯相示莫不榮之永平四年徵拜河南尹㠯清靜稱在官三年卒詔書

愍惜，賜車一乘，錢四十萬。

馮勤字偉伯，魏郡繁陽人也。曾祖父揚，宣帝時為弘農太守。有八子，皆為二千石，趙魏間榮之，號曰萬石君焉。兄弟形皆偉壯，唯勤祖父偃，長不滿七尺，常自恥短陋，恐子孫之似也，東觀記偃為黎陽令。乃為子伉娶長妻。伉生勤，長八尺三寸。八歲善計。計算術也。初為太守銚期功曹，有高能稱。期常從光武征伐，政事一以委勤。勤同縣馮巡等舉兵應光武，謀未成而為豪右焦廉等所反，反音幡。勤乃率將老母兄弟及宗親歸期，期恐以為腹心，薦於光武。初未被用，後乃除為郎中，給事尚書。東觀記魏郡太守范橫上疏薦勤，然始除之。以圖議軍糧，在事精勤，遂見親識。每引進，帝輒顧謂左右曰：「佳乎吏也！」由是使典諸侯封事。勤差量功次輕重，國土遠近，地勢豐薄，不相踰越，莫不厭服焉。自是封爵之制，非勤不定。帝益以為能，尚書衆事，皆令總錄之。司徒侯霸薦前梁令閻楊楊素有譏議帝常嫌之既見霸奏疑其有姦大怒賜霸璽書曰崇山幽都何可偶（崇山南裔也幽都北裔也偶對也言將殺之不可得流徙也尚書舜流共工于幽州放驩兜于崇山）黃鉞一下無處所（鉞斧也以黃金飾之所以戮人）欲以身試法邪將殺身以成仁邪使勤奉策至司徒府勤還陳霸本意申釋事理帝意稍解拜勤尚書僕射職事十五年以勤勞賜爵關內侯遷尚書令拜大司農三歲遷司徒先是三公多見罪退帝賢勤欲令以善自終乃因讌見從容戒之曰朱浮上不忠於君下陵轢同列竟以中傷至今（朱浮為大司空坐賣弄國恩免又為陵轢同列帝銜之惜其功不忍加罪）死生吉凶未可知豈不惜哉人臣放逐受誅雖復追加賞賜賻祭不足以償不訾之身（訾量也言無訾量可比之貴重之極也訾與貲同）忠臣孝子覽照前世以為鏡誡能盡忠於國事君無二則爵賞光乎當世功名列於不朽可不勉哉勤愈恭約盡忠號稱任職勤母年八十每會見詔敕勿拜令御者扶上殿謂諸王曰使勤貴寵者此母也其見親重

如此中元元年薨〔東觀記曰中元元年車駕西幸長安祠園陵還勤譩見前殿盡日歸病因病喘逆上使太醫療視賞賜錢帛遂薨〕帝悼惜之使者弔祠賜東園祕器賵贈有加勤七子長子宗嗣至張掖屬國都尉中子順尚平陽長公主終於大鴻臚〔平陽主明帝女〕建初八年昌順中子奮襲主爵爲平陽侯薨無子永元七年詔書復封奮兄羽林右監勁爲平陽侯奉公主之祀奮弟由黃門侍郎尚平安公主〔章帝女也臣賢案東觀記亦云安平皇后紀云由尚平邑公主紀傳不同未知孰是〕勁薨子卯嗣卯延光中爲侍中薨子酉嗣

趙憙字伯陽南陽宛人也少有節操從兄爲人所殺無子憙年十五常思報之乃挾兵結客後遂往復仇而仇家皆疾病無相距者憙以因疾報殺非仁者心且釋之而去顧謂仇曰爾曹若健遠相避也仇皆臥自搏〔自搏猶叩頭也〕後病愈悉自縛詣憙憙不與相見後竟殺之更始即位舞陰大姓李氏擁城不下更始遣柱天將軍李寶降

之不肯云聞宛之趙氏有孤孫憙信義著名願得降之更始乃徵憙憙年未二十既引見更始笑曰繭栗犢豈能負重致遠乎犢角如繭栗言小也禮記曰天地之牲角繭栗即除為郎中行偏將軍事使詣舞陰而李氏遂降憙因進入潁川擊諸不下者歷汝南界還宛更始大悅謂憙曰卿名家駒努力勉之武帝謂劉德為千里之駒故以憙比之會王莽遣王尋王邑將兵出關更始乃拜憙為五威偏將軍使助諸將拒尋邑於昆陽光武破尋邑憙被創有戰勞還拜中郎將封勇功侯更始敗憙為赤眉兵所圍迫急乃踰屋亾走與所友善韓仲伯等數十人攜小弱越山阻徑出武關仲伯以婦色美慮有強暴者而己受其害欲棄之於道憙責怒不聽因以泥塗仲伯婦面載以鹿車身自推之風俗通曰俗說鹿車窄小裁容一鹿每道逢賊或欲逼略憙輒言其病狀以此得免既入丹水丹水縣名屬南陽郡故城在今鄧州內鄉縣西南臨丹水遇更始親屬皆裸跣塗炭飢困不能前塗炭者若陷泥墜火喻窮困之極也憙見

之悲感所裝縑帛資糧悉以與之將護歸鄉里時鄧奉反於南陽
憙素與奉善數遺書切責之而讒者因言憙與奉合謀帝以爲疑
及奉敗帝得憙書乃驚曰趙憙眞長者也卽徵憙引見賜鞍馬待
詔公車時江南未賓道路不通以憙守簡陽侯相憙不肯受兵東觀記曰敕憙從騎都尉儲融受兵二百人通利道路憙白上不願受融兵單車馳往度其形況上許之單車馳之簡陽吏民不欲內憙
憙乃告譬呼城中大夫示以國家威信其帥卽開門面縛自歸由
是諸營壁悉降荆州牧奏憙才任理劇詔以爲平林侯相攻擊羣
賊安集已降者縣邑平定後拜懷令大姓李子春先爲琅邪相豪
猾并兼爲人所患憙下車聞其二孫殺人事未發覺卽窮詰其姦
收考子春二孫自殺京師爲請者數十終不聽時趙王良疾病將
終車駕親臨王問所欲言王曰素與李子春厚今犯罪懷令趙憙
欲殺之願乞其命帝曰吏奉法律不可枉也更道它所欲王無復

言旣薨帝追感趙王乃貰出子春其年遷意平原太守時平原多盜賊意與諸郡討捕斬其渠帥餘黨當坐者數千人意上言惡惡止其身公羊傳曰善善及子孫惡惡止其身可一切徙京師近郡帝從之乃悉移置潁川陳留於是擢舉義行誅鋤姦惡後靑州大蝗侵入平原界輒死歲屢有年百姓歌之二十六年帝延集內戚讌會歡甚諸夫人各各前言趙意篤義多恩往遭赤眉出長安皆爲意所濟活帝甚嘉之後徵意入爲太僕引見謂曰卿非但爲英雄所保也婦人亦懷卿之恩厚加賞賜二十七年拜太尉賜爵關內侯時南單于稱臣烏桓鮮卑並來入朝帝令意典邊事思爲久長規規謀也意上復緣邊諸郡幽并二州由是而定復音伏謂建武六年徙雲中五原人於常山居庸閒至二十六年復令還雲中五原東觀記曰草創苟合未有還人蓋意至此請徙之令盡還也二十年意上言宜封禪正三雍之禮中元元年從封泰山及帝崩意受遺詔典喪禮是時藩王皆在京師自王莽篡亂舊典

不存皇太子與東海王等雜止同席憲章無序憙乃正色橫劒殿
階扶下諸王以明尊卑時藩國官屬出入宮省與百僚無別憙乃
表奏謁者將護分止它縣諸王並令就邸唯朝晡入臨整禮儀嚴
門衞內外肅然永平元年封節鄉侯三年春坐考中山相薛修事
不實免修光武子中山王焉相也其冬代竇融爲衞尉八年代虞延行太尉事居府
如眞後遭母憂上疏乞身行喪禮顯宗不許遣使者爲釋服賞賜
恩寵甚渥憙內典宿衞外幹宰職正身立朝未嘗懈惰及帝崩復
典喪事再奉大行禮事脩舉肅宗卽位進爲太傅錄尚書事擢諸
子爲郎吏者七人長子代給事黄門建初五年憙疾病帝親幸視
及薨車駕往臨弔時年八十四謚曰正侯子代嗣官至越騎校尉
永元中副行征西將軍劉尚征羌坐事下獄疾病物故和帝憐之
賜祕器錢布贈越騎校尉節鄉侯印綬子直嗣官至步兵校尉直

卒子淑嗣無子國除

牟融字子優北海安丘人也少博學以大夏侯尚書教授大夏侯名勝宣帝時人也門徒數百人名稱州里以司徒茂才爲豐令司徒舉爲茂才也豐今徐州縣也視事三年縣無獄訟爲州郡最司徒范遷薦融忠正公方經行純備宜在本朝并上其理狀漢官儀曰范遷字子廬沛人也永平五年入代鮑昱爲司隸校尉多所舉正百僚敬憚之八年代包咸爲大鴻臚十一年代鮭陽鴻爲大司農鮭陽姓也音胡佳反是時顯宗方勤萬機公卿數朝會每輒延謀政事判折獄訟融經明才高善論議朝廷皆服其能帝數嗟歎以爲才堪宰相明年代伏恭爲司空恭字叔齊伏湛同産兄子也見東觀記舉動方重甚得大臣節肅宗卽位以融先朝名臣代趙憙爲太尉與憙參錄尚書事建初四年薨車駕親臨其喪時融長子麟歸鄉里帝以其餘子幼弱敕太尉掾史敎其威儀進止贈賵恩寵篤密焉又賜冢塋地於

顯節陵下除麟爲郎

韋彪字孟達扶風平陵人也高祖賢宣帝時爲丞相祖賞哀帝時爲大司馬彪孝行純至父母卒哀毀三年不出廬寢服竟羸瘠骨立異形醫療數年乃起好學洽聞雅稱儒宗建武末舉孝廉除郎中以病免復歸教授安貧樂道恬於進趣三輔諸儒莫不慕仰之顯宗聞彪名永平六年召拜謁者賜以車馬衣服三遷魏郡太守肅宗即位以病免徵爲左中郎將長樂衛尉數陳政術每歸寬厚比上疏乞骸骨拜爲奉車都尉秩中二千石賞賜恩寵侔於親戚建初七年車駕西巡狩以彪行太常從數召入問以三輔舊事禮儀風俗彪因建言今西巡舊都宜追錄高祖中宗功臣（中宗宣帝）襃顯先勳紀其子孫帝納之行至長安乃制詔京兆尹右扶風求蕭何霍光後時光無苗裔唯封何末孫熊爲酇侯建初二年已封曹參後

曹湛爲平陽侯故不復及焉乃厚賜虒錢珍羞食物使歸平陵上冢還拜大鴻臚是時陳事者多言郡國貢舉率非功次故守職益懈而吏事寖疏咎在州郡有詔下公卿朝臣議虒上議曰伏惟明詔憂勞百姓垂恩選舉務得其人夫國以簡賢爲務賢以孝行爲首孔子曰事親孝故忠可移於君是以求忠臣必於孝子之門孝經緯之文也夫人才行少能相兼是以孟公綽優於趙魏老不可以爲滕薛大夫論語孔子之言也公綽魯大夫趙魏皆晉卿之邑也家臣稱老公綽性寡欲趙魏老優閑無事滕薛小國大夫職煩故不可爲也忠孝之人持心近厚鍛練之吏持心近薄蒼頡篇曰鍛椎也鍛練猶成熟也言深文之吏入人之罪猶工冶陶鑄鍛練使之成熟也前漢路溫舒上疏曰鍛練而周內之三代之所以直道而行者在其所以磨之故也論語孔子曰吾之於人誰毀誰譽如有所譽者其有所試矣斯三代之所以直道而行也虒引之者言古之用賢皆磨礪選練然後用之士宜以才行爲先不可純以閥閱史記曰明其等曰閥積功曰閱然其要歸在於選二千石二千石賢則貢舉皆得其人帝深納之虒以世承二帝吏化之後多以苛刻爲能二帝光武明帝也又置官

選職不必以才因盛夏多寒上疏諫曰臣聞政化之本必順陰陽伏見立夏以來當暑而寒殆以刑罰刻急郡國不奉時令之所致也農人急於務而苛吏奪其時賦發充常調而貪吏割其財此其巨患也夫欲急人所務當先除其所患天下樞要在於尚書百官志曰尚書主知公卿二千石吏官上書外國夷狄事故曰樞要尚書之選豈可不重而間者多從郎官超升此位雖曉習文法長於應對然察察小慧類無大能宜簡嘗歷州宰素有名者雖進退舒遲時有不速然端心向公奉職周密宜鑒嗇夫捷急之對嗇夫官名也文帝出上林登虎圈因問上林尉禽獸簿不能對虎圈嗇夫從旁代對響應無窮文帝拜嗇夫為上林令張釋之曰夫絳侯東陽侯言事曾不能出口豈效此嗇夫喋喋利口捷急哉文帝曰善遂不拜嗇夫為上林令深思絳侯木訥之功也木質也訥遲鈍也前書曰周勃木彊少文又曰安劉氏者必勃往時楚獄大起故置令史以助郎職而類多小人好為姦利今者務簡可皆停省又諫議之職應用公直之士通才謇正有補益於朝者今或從徵試輩為大夫輩類也又御史外遷動據州郡並宜清

選其任責㠯言績其二千石視事雖久而爲吏民所便安者宜增秩重賞勿妄遷徙維留聖心書奏帝納之元和二年春東巡狩㠯彪行司徒事從行還㠯病乞身帝遣小黃門太醫問病賜㠯食物彪遂稱困篤章和二年夏使謁者策詔曰彪㠯將相之裔勤身飭行出自州里在位歷載中被篤疾連上求退君年在耆艾禮記曰七十曰耆五十曰艾不可復㠯加增恐職事煩碎重有損焉其上大鴻臚印綬其遣太子舍人詣中臧府受賜錢二十萬續漢志曰中臧府令一人秩六百石掌幣帛金錢貨物也永元元年卒詔尚書故大鴻臚韋彪在位無愆方欲錄用奄忽而卒其賜錢二十萬布百匹穀三十斛彪清儉好施祿賜分與宗族家無餘財著書十二篇號曰韋卿子族子義義字季節高祖父玄成元帝時爲丞相初彪獨徙扶風故義猶爲京兆杜陵人焉兄順字叔文平輿令有高名平輿縣名屬汝南郡故城在今豫州汝陽縣東北次兄豹字季明數辟公府輒㠯事

去司徒劉愷復辟之謂曰卿以輕好去就爵位不躋（躋升也）今歲垂盡當選御史意在相薦子其宿留乎（宿留待也宿音秀留音力救反）豹曰犬馬齒衰旅力已劣（旅衆也尚書曰番番良士旅力既愆）仰慕崇恩故未能自割且眩瞀滯疾不堪久待（眩風疾也瞀亂也謂視不明之貌也眩音縣瞀音亡遘反）選薦之私非所敢當遂跣而起愷追之徑去不顧安帝西巡徵拜議郎義少與二兄齊名初仕州郡太傅桓焉辟舉理劇爲廣都長（廣都縣名屬蜀郡故城在今益州成都縣東南）甘陵陳二縣令（甘陵故城在今貝州清河縣西北陳屬梁國今陳州）政甚有績官曹無事牢獄空虛數上書順帝陳宜依古典考功黜陟徵集名儒大定其制又譏切左右貶刺竇氏言既無感而久抑不遷以兄順喪去官比辟公府不就廣都爲生立廟及卒三縣吏民爲義舉哀若喪考妣豹子著字休明少以經行知名不應州郡之命大將軍梁冀辟不就延熹二年桓帝公車備禮徵至霸陵稱病歸乃入雲陽山采藥不反有司舉奏加罪帝特原之復詔京

兆尹重以禮敦勸著遂不就徵（敦猶逼也）靈帝即位中常侍曹節以陳蕃竇武既誅海內多怨欲借寵時賢以爲名（假借時賢寵榮以求美名用解怨謗）白帝就家拜著東海相（東海王懿相也郎東海王彊四代孫）詔書逼切不得已解巾之郡（巾幅巾也既服冠冕故解幅巾）政任威刑爲受罰者所奏坐論輸左校（左校署名屬將作也）又後妻憍恣亂政以之失名竟歸爲姦人所害隱者恥之

贊曰湛霸奮庸維寍兩邦（尚書曰有能奮庸熙帝之載孔安國注曰奮起也庸功也兩邦謂湛爲平原太守霸爲淮平太守）淮人攜慕徐寇要降（徐寇謂徐異卿也願要降司徒伏公）弘實體遠仁不忘本（謂不忘糟糠妻也）意政多迹彪明理損牟公簡帝身終上哀

伏侯宋蔡馮趙牟韋列傳第十六　後漢書二十六

宣張二王杜郭吳承鄭趙列傳第十七　後漢書二十七

唐章懷太子賢注

宣秉字巨公馮翊雲陽人也少修高節顯名三輔哀平際見王氏據權專政侵削宗室有逆亂萌遂隱遁深山州郡連召常稱疾不仕王莽爲宰衡辟命不應周公爲太宰伊尹爲阿衡莽欲兼之故以爲號及莽簒位又遣使者徵之秉固稱疾病更始卽位徵爲侍中建武元年拜御史中丞前書曰御史中丞秦官秩千石在殿中蘭臺掌圖籍祕書外督部刺史內領侍御史糾察百僚光武特詔御史中丞與司隸校尉尚書令續漢志曰尚書令一人千石秦官武帝用宦者成帝用士人也會同並專席而坐故京師號曰三獨坐明年遷司隸校尉務舉大綱簡略苛細百僚敬之說文曰苛細草也以喻煩雜也秉性節約常服布被蔬食瓦器帝嘗幸其府舍見而歎曰楚國二龔不如雲陽宣巨公二龔謂龔勝字君賓龔舍字君倩二人皆以清苦立節著名事見前書卽賜布帛帳帷什物周禮幕人掌帷帟幄幕鄭玄曰在旁曰帷爾雅曰幬謂之帳軍法五人爲伍二五爲什則共其器物故通謂生生之具爲什物四年拜大司徒司直司直武帝元狩五年

直比二千石掌佐丞相舉不法哀帝元壽二年改丞相爲大司徒中興因而不改猶置司直至建武十一年省司直置長史一人署諸曹事至二十七年司徒又去大字見前書及續漢書所得祿奉輒以收養親族其孤弱者分與田地自無擔石之儲前書音義曰齊人名小甖爲擔今江淮人謂一石爲一擔擔音丁濫反六年卒於官帝敏惜之除子彪爲郎東觀記曰彪官至玄菟太守

張湛字子孝扶風平陵人也矜嚴好禮動止有則居處幽室必自修整雖遇妻子若嚴君焉周易家人卦曰家有嚴君焉父母之謂也及在鄉黨詳言正色詳審也三輔以爲儀表儀法也表正也書曰儀表萬邦人或謂湛僞詐湛聞而笑曰我誠詐也人皆詐惡我獨詐善不亦可乎成哀閒爲二千石王莽時歷太守都尉建武初爲左馮翊在郡修典禮設條教政化大行後告歸平陵望寺門而步告請也告歸謂請假歸寺門即平陵縣門也風俗通曰寺者嗣也理事之吏嗣續於其中也主簿進曰明府位尊德重不宜自輕郡守所居曰府府者尊高之稱前書韓延壽爲東郡太守門卒謂之明府亦其義也湛曰禮下公門軾輅馬輅大也君所居曰輅寢車曰輅車馬曰輅馬軾車前橫木也乘車必正立有所敬則撫軾謂小俛也禮記曰大夫士下公門式輅馬鄭玄云所以廣敬孔子於鄉黨恂恂如也論語之文也鄭玄云恂恂恭順貌也父母之國所宜盡禮何謂輕哉史記孔子謂門

弟子曰魯墳墓所處父母之國也詩曰惟桑與梓必恭敬止也五年拜光祿勳前書光祿勳本名郎中令秦官武帝改爲秩中二千石掌大夫郎中從官光武臨朝或有惰容湛輒陳諫其失常乘白馬帝每見湛輒言白馬生且復諫矣七年以病乞身拜光祿大夫代王丹爲太子太傅及郭后廢建武十七年廢因稱疾不朝拜太中大夫居中東門候舍漢官儀曰洛陽十二門東面三門最北門名上東門次南曰中東門每門校尉一人秩二千石司馬一人秩千石候一人秩六百石候舍蓋候之所居故時人號曰中東門君帝數存問賞賜後大司徒戴涉被誅涉字叔平冀州清河人也坐所舉人盜金下獄帝彊起湛以代之湛至朝堂遺失溲便溲小便也溲音所流反因自陳疾篤不能復任朝事遂罷之後數年卒於家

王丹字仲回京兆下邽人也哀平時仕州郡王莽時連徵不至家累千金隱居養志好施周急周急謂周濟困急也孔子曰君子周急不繼富每歲農時輒載酒肴於田閒候勤者而勞之東觀記曰載酒肴便于田頭大樹下飲食勸勉之因留其餘酒肴而去其墮嬾者恥不致丹皆兼功自厲嬾與懶同厲音力亶反邑聚相率以致殷富其輕黠游蕩廢業

爲患者輒曉其父兄使黜責之没者則賻給親自將護其有遭喪憂者輒待丹爲辦鄉鄰㠯爲常行之十餘年其化大洽風俗㠯篤

丹資性方潔疾惡彊豪時河南太守同郡陳遵關西之大俠也遵字孟公杜陵人也見前書其友人喪親遵爲護喪事賻助甚豐丹乃懷縑一匹陳之於主人前曰如丹此縑出自機杼遵聞而有慙色自㠯知名欲結交於丹丹拒而不許東觀記曰更始時遵爲大司馬出使匈奴過辭於丹丹曰俱遭反覆唯我二人爲天所遺今子當之絕域無以相贈贈子以不拜遂揖而別遵甚悦之會前將軍鄧禹西征關中軍糧乏丹率宗族上麥二千斛禹表丹領左馮翊稱疾不視事免歸後徵爲太子少傅時大司徒侯霸欲與交友及丹被徵遣子昱候於道昱迎拜車下丹下答之昱曰家公欲與君結交何爲見拜丹曰君房有是言丹未之許也

丹子有同門生喪親家在中山白丹欲往奔慰結侶將行丹怒而撻之東觀記曰丹怒撻之五十令寄縑㠯祠焉東觀記曰寄帛二匹以祠焉或問其故丹曰交道之難

未易言也世稱管鮑次則王貢史記曰管夷吾潁上人嘗與鮑叔牙游叔牙知其賢管仲貧困嘗欺鮑叔牙鮑叔牙終善遇之管仲曰生我者父母知我者鮑叔前書王吉字子陽貢禹字少翁並瑯邪人也二人相善時人爲之語王陽在位貢禹彈冠言其趣舍同也張陳凶其終蕭朱隙其末張耳陳餘初爲刎頸交後搆隙耳後爲漢將兵殺陳餘于泜水之上蕭育字次君朱博字子元二人爲友著聞當代後有隙不終故時以交爲難並見前書故知全之者鮮矣時人服其言客初有薦士於丹者因選舉之而後所舉者陷罪丹坐以免客慚懼自絕而丹終無所言尋復徵爲太子太傅乃呼客謂曰子之自絕何量丹之薄也不爲設食以罰之相待如舊其後遜位卒于家

王良字仲子東海蘭陵人也少好學習小夏侯尚書夏侯建大夏侯勝之從兄子也建受尚書於勝號小夏侯見前書王莽時寢病不仕教授諸生千餘人建武二年大司馬吴漢辟不應三年徵拜諫議大夫數有忠言以禮進止朝廷敬之遷沛郡太守至蘄縣稱病不之府官屬皆隨就之良遂上疾篤乞骸骨徵拜太中大夫六年代宣秉爲大司徒司直在位恭儉妻子

不入官舍布被瓦器時司徒史鮑恢以事到東海過候其家而良妻布裙曳柴從田中歸（東觀記曰徒跣曳柴）恢告曰我司徒史也故來受書欲見夫人妻曰妾是也苦掾無書（掾即謂鮑恢司徒之掾史也言勞苦相過更無書信）恢乃下拜歎息而還聞者莫不嘉之後以病歸一歲復徵至滎陽疾篤不任進道乃過其友人友人不肯見曰不有忠言奇謀而取大位何其往來屑屑不憚煩也（楊雄方言曰屑屑不安也秦晉曰屑屑郭景純曰往來貌）遂拒之良慙自後連徵輒稱病詔以玄纁聘之遂不應後光武幸蘭陵遣使者問良所疾苦不能言對詔復其子孫邑中傜役卒于家

論曰夫利仁者或借仁以從利體義者不期體以合義（此言履行仁義其事雖同原其本心眞僞各異利仁者謂心非好仁但以行仁則於己有利故假借仁道以求利耳若天性自然體合仁義者舉措云爲不期於體而冥然自合禮記曰仁者安仁智者利仁畏罪者彊仁與人同功其仁未可知與人同過其仁則可知）季文子妾不衣帛魯人以爲美談（文子魯卿季孫行父之謚也無衣帛之妾無食粟之馬君子是以知季文子忠於公室相三君矣而無私積可不謂忠乎事見左傳）公孫弘身服布被汲黯譏其多詐（公孫弘淄川人

也武帝時爲丞相汲黯曰弘以三公而身服布被詐也事見前書事實未殊而譽毀別議何也將體之與利之異乎宣秉王良處位優重而秉甘疏薄良妻荷薪可謂行過乎儉然當世咨其清人君高其節豈非臨之曰誠哉語曰同言而信則信在言前同令而行則誠在令外不其然乎眞僞之迹既殊人之信否亦異同言而信謂體仁與利仁二人同出言而人信服其眞者不信其僞者則知信不由言故言信在言前也同令而行意亦同也此皆子思子累德篇之言故稱語曰張湛不屑矜僞之誚斯不僞矣屑猶介也王丹難於交執之道斯知交矣

杜林字伯山扶風茂陵人也案杜鄴傳鄴本魏郡繁陽人也武帝時徙茂陵父鄴成哀間爲涼州刺史林少好學沈深家既多書又外氏張竦父子喜文采鄴字子夏祖父皆至郡守鄴少孤其母張敞女也鄴從敞子吉學得其家書竦即吉之子也博學文雅過於敞見前書林從竦受學博洽多聞時稱通儒風俗通曰儒者區也言其區別古今居則翫聖哲之詞動則行典籍之道稽先王之制立當時之事此通儒也若能納而不能出能言而不能行講誦而已無能往來此俗儒也初爲郡吏王莽敗盜賊起林與弟成及同郡范逡孟冀等逡音七倫反將細弱俱客河西道逢賊數千人遂掠取財裝褫奪衣服褫解也音直紙反拔刃

向林等將欲殺之冀仰曰願一言而死將軍知天神乎（言知天道有神乎）赤眉兵衆百萬所向無前而殘賊不道卒至破敗今將軍已數千之衆欲規霸王之事不行仁恩而反遵覆車不畏天乎（賈誼曰前車覆後車誡詩曰不畏于天不媿于人）賊遂釋之俱免於難隗囂素聞林志節深相敬待以爲持書平後因疾告去辭還祿食囂復欲令彊起遂稱篤囂意雖相望且欲優容之（望猶恨也東觀記曰林奇囂地終不降志辱身至簪蒿席草不食其粟也）乃出令曰杜伯山天子所不能臣諸侯所不能友（禮記曰儒有上不臣天子下不事諸侯慎靜尚寬砥礪廉隅其規爲有如此者）蓋伯夷叔齊恥食周粟（史記曰伯夷叔齊孤竹君之子也兄弟讓位歸文王後武王東伐紂伯夷叔齊扣馬諫曰父死不葬爰及干戈可謂孝乎以臣伐君可謂仁乎武王平殷亂而二人恥之義不食周粟餓死于首陽山）今且從師友之位須道開通使順所志林雖拘於囂而終不屈節建武六年弟成物故囂乃聽林持喪東歸既遣而悔追令刺客楊賢於隴坻遮殺之賢見林身推鹿車載致弟喪乃歎曰當今之世誰能行義我雖小人何忍殺義士因亡去光武聞林已還三輔

乃徵拜侍御史引見問以經書故舊及西州事甚悅之賜車馬衣被羣寮知林以名德用甚尊憚之京師士大夫咸推其博洽東觀記曰林與馬援同鄉里素相親厚援從南方還時林馬適死援令子持馬一匹遺林曰朋友有車馬之饋可且以備乏林受之居數月林遣子奉書曰將軍內施九族外有賓客望恩者多林父子兩人食列卿祿常有盈今送錢五萬援受之謂子曰人當以此爲法是杜伯山所以勝我也博廣也洽徧也言其所聞見廣大也河南鄭興東海衛宏等皆長於古學宏字敬仲在儒林傳興嘗師事劉歆林既遇之欣然言曰林得興等固諧矣使宏得林且有以益之及宏見林闇然而服濟南徐巡始師事宏後皆更受林學林前於西州得漆書古文尚書一卷常寶愛之雖遭艱困握持不離身出以示宏等曰林流離兵亂常恐斯經將絕何意東海衛子濟南徐生復能傳之是道竟不墜於地也古文雖不合時務然願諸生無悔所學宏巡益重之於是古文遂行明年大議郊祀制多以爲周郊后稷漢當祀堯詔復下公卿議議者僉同帝亦然之林獨以爲周室之興祚由后稷漢業特起

功不緣堯祖宗故事所宜因循定從林議東觀記載議曰當今政卑易行禮簡易從人無愚智思仰漢德基業特起不因緣堯堯遠于漢人不曉信言提其耳終不說諭后稷近周人所知之叉據以興基由其祚詩曰不愆不忘率由舊章宜如舊制以解天下之惑後代王良爲大司徒司直林薦同郡范逡趙兼申屠剛及隴西牛邯等皆被擢用士多歸之十一年司直官罷以林代郭憲爲光祿勳內奉宿衛外總三署三署左右中郎將及五官中郎將皆管郎官也見續漢書周密敬慎選舉稱平郎有好學者輒見誘進朝夕滿堂十四年羣臣上言古者肉刑嚴重則人畏法令今憲律輕薄故姦軌不勝左傳曰凡亂在外爲姦在內爲軌宜增科禁以防其源詔下公卿林奏曰夫人情挫辱則義節之風損法防繁多則苟免之行興孔子曰導之以政齊之以刑民免而無恥導之以德齊之以禮有恥且格皆論語之言也政謂禁令刑謂刑罰格來也言爲政之法初訓導之以禁令若有違則整齊之以刑罰則人但免罪而已而無恥慙之心若教導之以道德整齊之以禮義則人皆有恥慙之心且皆來服古之明王深識遠慮動居其厚不務多辟周之五刑不過三千五刑謂墨劓剕宮大辟也尚書五刑篇曰五刑之屬三千大漢初興詳覽失得故破矩爲圓斲

雕爲樸斲除苛政更立疏網史記曰漢興破觚而爲圜斲雕而爲樸號爲網漏吞舟之魚觚亦方也老子曰天網恢恢疏而不漏海内歡欣人懷寬德及至其後漸以滋章吹毛索疵詆欺無限老子曰法令滋章盜賊多有前書曰有司吹毛求疵索求也詆欺謂飾非成譽非其本罪果桃菜茹之饋集以成臧小事無妨於義以爲大戮故國無廉士家無完行至於法不能禁令不能止上下相遁爲敝彌深遁猶回避也前書曰上下相匿以文避法焉臣愚以爲宜如舊制不合翻移帝從之後皇太子彊求乞自退封東海王故重選官屬以林爲王傅從駕南巡狩時諸王傅數被引命或多交游不得應詔唯林守慎有召必至餘人雖不見譴而林特受賞賜又辭不敢受帝益重之東觀記曰王又以師數加饋遺林不敢受常辭以道上稟假有餘若以車重無所置之明年代丁恭爲少府恭字子然山陽人在儒林傳二十二年復爲光祿勳頃之代朱浮爲大司空博雅多通稱爲任職相明年薨帝親自臨喪送葬除子喬爲郎詔曰公侯子孫必復其始左氏傳晉大夫辛廖之言賢者之後宜宰城邑其以喬爲丹水長丹水縣屬南陽

論曰夫威彊以自禦力損則身危飾詐以圖己詐窮則道屈而忠信篤敬蠻貊行焉者誠以德之感物厚矣 論語曰子張問行子曰言忠信行篤敬雖蠻貊之邦行矣 故趙孟懷忠匹夫成其仁 趙孟晉大夫趙盾也左傳曰晉靈公不君趙盾驟諫之靈公患焉使鉏麑賊之晨往寢門闢矣盛服將朝尚早坐而假寐麑退而言曰不忘恭敬民之主也賊民之主不忠棄君之命不信有一於此不如死也觸槐而死趙盾遂得全論語曰有殺身以成仁無求生以害仁 杜林行義烈士假其命易曰人之所助者順有不誣矣 易繫辭曰天之所助者信人之所助者順不誣言必蒙天人之助也

郭丹字少卿南陽穰人也父稚成帝時爲廬江太守有清名丹七歲而孤小心孝順後母哀憐之爲鬻衣裝買產業 鬻賣也 後從師長安買符入函谷關 符即繻也前書音義曰舊出入關皆用傳傳煩因裂繻帛分持後復出合之以爲符信買符非眞符也東觀記曰丹從宛人陳洮買入關符既入關封符乞人也 乃慨然歎曰丹不乘使者車終不出關 續漢志曰諸侯使車皆朱班輪四幅赤衡軛 既至京師常爲都講諸儒咸敬重之大司馬嚴尤請丹辭病不就王莽又徵之遂與諸生逃於北地更始二年三公舉丹賢能徵爲諫議大夫持節使歸南陽安集受降丹自去家十有二年果乘高車

出關如其志焉更始敗諸將悉歸光武並獲封爵丹獨保平氏不下爲更始發喪衰絰盡哀[喪服斬衰裳上曰衰下曰裳麻在首要皆曰絰首絰象緇布冠腰絰象大帶絰之言實衰之言摧明中實摧痛也平氏縣名屬南陽郡]建武二年遂潛逃去敝衣間行涉歷險阻求謁更始妻子奉還節傳因歸鄉里太守杜詩請爲功曹丹薦鄉人長者自代而去詩乃歎曰昔明王興化卿士讓位[毛萇詩傳曰虞芮之君爭田相謂曰西伯仁人也盍往質焉乃相與朝周至其朝士讓爲大夫大夫讓爲卿二國君乃慙而退]今功曹推賢可謂至德敕以丹事編署黃堂以爲後法[黃堂太守之聽事]十三年大司馬吳漢辟舉高第再遷并州牧有清平稱轉使匈奴中郎將遷左馮翊永平三年代李訢爲司徒在朝廉直公正與侯霸杜林張湛郭伋齊名相善明年坐考隴西太守鄧融事無所據策免五年卒于家時年八十七以河南尹范遷有清行代爲司徒遷字子廬沛國人初爲漁陽太守以智略安邊匈奴不敢入界及在公輔有宅數畝田不過一頃復推與兄子其妻嘗謂

曰君有四子而無立錐之地史記楚優孟曰孫叔敖子無立錐之地可餘奉祿以為後世業遷曰吾備位大臣而蓄財求利何以示後世在位四年薨家無擔石焉後顯宗因朝會問羣臣郭丹家今何如宗正劉匡對曰昔孫叔敖相楚馬不秣粟妻不衣帛子孫竟蒙寢丘之封孫叔敖楚莊王之相也期思縣人史記曰楚之處士虞丘相進之相楚上下和合吏無姦邪遂霸諸侯呂覽曰叔敖將死戒其子曰王數封我矣吾不受也我死王則封汝必無受利地楚越之閒有寢丘者此其地不利而名甚惡可長有者唯此也孫叔敖死王以美地封其子其子辭請寢丘至今不失寢丘縣名後漢改為固始今光州固始縣也有孫叔敖祠焉丹出典州郡入為三公而家無遺產子孫困匱帝乃下南陽訪求其嗣長子宇官至常山太守少子濟趙相

吳良字大儀齊國臨淄人也初為郡吏東觀記曰良為郡議曹掾歲旦與掾史入賀門下掾王望舉觴上壽諂稱太守功德東觀記曰王望言曰齊郡敗亂遭離盜賊不聞雞鳴犬吠之音明府視事五年土地開闢盜賊滅息五穀豐熟家給人足今日歲首請上雅壽掾史皆稱萬歲良於下坐勃然進曰望佞邪之人欺諂無狀願勿受其觴東觀記曰良時跪曰門下掾佞諂明府勿受其觴盜賊未盡人庶困乏今良曹掾尚無袴寧足為不家給人足耶太守

曰此生言是賜良鰒魚百枚也太守斂容而止讌罷轉良爲功曹恥以言受進終不肯謁時驃騎將軍東平王蒼聞而辟之署爲西曹蒼甚相敬愛上疏薦良曰臣聞爲國所重必在得人報恩之義莫大薦士竊見臣府西曹掾齊國吳良資質敦固公方廉恪躬儉安貧白首一節言雖耆耋志節不衰又治尚書學通師法東觀記曰良習大夏侯尚書經任博士行中表儀宜備宿衞以輔聖政臣蒼榮寵絕矣憂責深大絕猶極也私慕公叔同升之義懼於臧文竊位之罪公叔文子衞大夫公孫枝之謚也文子家臣名僎操行與文子同文子乃升進之於公與之同爲大夫臧文仲魯大夫臧孫辰也時柳下惠爲士師文仲知其賢而不進達之孔子譏之曰臧文仲其竊位者歟知柳下之賢而不與立事並見論語也敢秉愚瞽犯冒嚴禁顯宗以示公卿曰前以事見良鬚髮皓然衣冠甚偉夫薦賢助國宰相之職蕭何舉韓信設壇而拜不復考試蕭何薦韓信於高祖曰陛下必欲爭天下非信無可與計者漢王於是設壇場拜信爲大將軍見前書今以良爲議郎永平中車駕近出而信陽侯陰就干突禁衞車府令徐匡鉤就車收御者送獄鉤留也詔書譴匡匡乃自繫良上言曰

信陽侯就倚侍外戚干犯乘輿無人臣禮爲大不敬匡執法守正反下於理臣恐聖化由是而弛（弛廢也）帝雖赦匡猶左轉長爲郎丘長（即丘縣名屬東海郡即左氏傳之祝丘也故城在今沂州臨沂縣東南）後遷司徒長史（哀帝改丞相爲大司徒司直仍舊中興因之不改建武十一年省司直置長史）每處大議輒據經典不希旨偶俗以徼時譽（希猶瞻望也）後坐事免復拜議郎卒于官

承宮字少子（世本承姓衞大夫成叔承之後也）琅邪姑幕人也少孤年八歲爲人牧豕鄉里徐子盛者以春秋經授諸生數百人宮過息廬下樂其業因就聽經遂請留門下（續漢書曰宮過徐子盛好之因棄其豬而留聽經豬主怪其不還求索得宮欲笞之門下生共禁止因留之）爲諸生拾薪執苦數年勤學不倦（續漢書曰宮嘗出行得虎所殺鹿持歸肉分門下取皮上師師不受宮因擲之人問其故宮曰既已與人義不可復取）經典既明乃歸家教授遭天下喪亂遂將諸生避地漢中後與妻子之蒙陰山（蒙陰縣名屬太山郡有蒙山在今沂州新泰縣東南）肆力耕種禾黍將孰人有認之者宮不與計推之而去由是顯名三府更辟皆不應（三府謂太尉司徒司空府）永平

中徵詣公車，駕臨辟雍，詔宮拜博士，遷左中郎將。數納忠言，陳政論議切慤，朝臣憚其節，名播匈奴。時北單于遣使求得見宮，顯宗敕自整飾。宮對曰：「夷狄眩名，非識實者也。臣狀醜，不可以示遠，宜選有威容者。」（續漢書曰：夷狄聞臣虛稱，故欲見臣。臣醜陋形寢，不如選長大有威容者示之也。）帝乃以大鴻臚魏應代之。十七年，拜侍中祭酒。建初元年卒，肅宗褒歎，賜以冢地。妻上書乞歸葬鄉里，復賜錢三十萬。（續漢書曰：宮子魦，官至濟陰太守。）

鄭均字仲虞，東平任城人也。少好黃老書。兄為縣吏，（東觀記曰：兄中為縣游徼。）頗受禮遺，均數諫止，不聽。卽脫身為傭，歲餘，得錢帛，歸以與兄，曰：「物盡可復得，為吏坐臧，終身捐棄。」兄感其言，遂為廉潔。均好義篤實，養寡嫂孤兒，恩禮敦至。（東觀記曰：均失兄，養孤兒兄子甚篤，已冠娶，出令別居，並門，盡推財與之，使得一尊其母，然後隨護視賑給之。）常稱疾家廷，不應州郡辟召。郡將欲必致之，使縣令譎將詣門，（譎，詐也。）旣至，卒不能屈。均於是客於濮陽。（濮陽，今濮州縣。）建初三年，司徒鮑昱辟之，後舉直言並不詣六年公車特徵再遷尚書數納忠言肅宗敬重之後以病乞骸骨拜議郎告歸因稱病篤帝賜以衣冠東觀記曰均遣子英奉章詣闕詔召見英問均所苦賜以冠幘錢布元和元年詔告廬江太守東平相曰以毛義廬江人鄭均東平人故告二郡守相也議郎鄭均束脩安貧恭儉節整前在機密以病致仕守善貞固黃髮不怠又前安邑令毛義躬履遜讓比徵辭病淳潔之風東州稱仁書不云乎章厥有常吉哉章明也吉善也言為天子當明顯其有常德者優其禀餼則政之善也尚書咎繇謨之言其賜均義穀各千斛常以八月長吏存問賜羊酒顯茲異行東觀記曰賜羊一頭酒二斗終其身問遺賢良必以八月諸物老成故順其時氣助養育之也故月令仲秋之月養衰老授几杖行糜粥飲食鄭元注云助老氣也明年帝東巡過任城乃幸均舍敕賜尚書祿以終其身續漢志曰尚書秩六百石祿每月七十石故時人號為白衣尚書永元中卒于家

趙典字仲經蜀郡成都人也父戒為太尉謝承書曰典太尉戒之叔子也桓帝立以定策封廚亭侯典少篤行隱約隱猶靜也約儉也博學經書弟子自遠方至謝承書曰

典學孔子七經河圖洛書內外藝術靡不貫綜受業者百有餘人建和初四府表薦四府太尉司徒司空大將軍府也謝承書曰典性明達志節清亮益州舉茂才以病辭太尉黃瓊胡廣舉有道方正皆不應桓帝公車徵對策爲諸儒之表徵拜議郎侍講禁內再遷爲侍中時帝欲廣開鴻池典諫曰鴻池汎濊已且百頃猶復增而深之非所以崇唐虞之約己遵孝文之愛人也帝納其言而止晏子曰堯舜堂高三尺土階三等茅茨不翦采椽不斲飯土簋歠土鉶糲粱之飯藜藿之羹夏日葛衣冬日鹿裘是約己也文帝嘗欲作露臺召匠計之直百金帝曰百金中人十家之產何以臺爲宮室苑囿無所增益有不便輒弛以利人是愛人也父卒襲封出爲宏農太守轉右扶風公事去官徵拜城門校尉轉將作大匠遷少府又轉大鴻臚時恩澤諸侯以無勞受封羣臣不悅而莫敢諫典獨奏曰夫無功而賞勞者不勸上忝下辱亂象干度左傳曰國無政不用善則自取謫於日月之災故政不可不慎務三而已一曰擇人二曰因人三曰從時前書曰成帝時同日封王氏五侯其日天氣赤黃霧四塞哀帝封丁傳曰亦然是不用善人則亂象干度且高祖之誓非功臣不封史記功臣侯表曰高祖與功臣約曰非劉氏不王非有功不侯不如是天下共擊之宜一切削免爵土以存舊典帝不從頃之轉太僕遷太常朝廷每有災異疑議輒咨問之謝承書曰天子宗典道懿尊爲國師位特進七爲列卿寢布被食用瓦器也典據經正

對無所曲折每得賞賜輒分與諸生之貧者後以諫爭違旨免官就國會帝崩時禁藩國諸侯不得奔弔典慨然曰身從衣褐之中致位上列褐織毛布之衣貧者所服且烏鳥反哺報德況於士邪小爾雅曰純黑而反哺者謂之烏春秋元命苞曰烏孝鳥也遂解印綬符策付縣而馳到京師州郡及大鴻臚並執處其罪而公卿百寮嘉典之義表請以租自贖詔書許之再遷長樂少府衞尉公卿復表典篤學博聞宜備國師會病卒謝承書曰靈帝即位典與竇武王暢陳蕃等謀共誅中常侍曹節侯覽趙忠等皆下獄自殺不言病卒使者弔祠竇太后復遣使兼贈印綬謚曰獻侯

典兄子謙謙弟溫相繼爲三公謙字彥信初平元年代黃琬爲太尉獻帝遷都長安以謙行車騎將軍爲前置明年病罷復爲司隸校尉車師王侍子爲董卓所愛數犯法謙收殺之卓大怒殺都官從事而素敬憚謙故不加罪轉爲前將軍遣擊白波賊有功封郫侯郫音盤眉反李傕殺司徒王允復代允爲司徒數月病免拜尚書令是

年卒謚曰忠侯溫字子柔初爲京兆郡丞前書三輔丞武帝元鼎四年置秩六百石歎曰大丈夫當雄飛安能雌伏遂棄官去遭歲大饑散家糧以振窮餓所活萬餘人獻帝西遷都爲侍中同輿輦至長安封江南亭侯代楊彪爲司空免頃之復爲司徒錄尚書事時李傕與郭汜相攻傕遂虜掠禁省劫帝幸北塢外內隔絕傕素疑溫不與己同乃內溫於塢中又欲移乘輿於黃白城溫與傕書曰公前託爲董公報讎然實屠陷王城殺戮大臣天下不可家見而戶說也今與郭汜爭睚眥之隙以成千鈞之讎睚眥解見竇融傳二十斤爲鈞言其重人在塗炭各不聊生曾不改悟遂成禍亂朝廷仍下明詔欲令和解上命不行威澤日損而復欲移轉乘輿更幸非所此誠老夫所不達也於易一爲過再爲涉三而弗改滅其頂凶滅沒也周易大過上六曰過涉滅頂凶王弼曰處大過之極過之甚者也涉難過甚故至于滅頂凶也不如早共和解引軍還屯上安萬乘下全人民豈不幸甚傕大怒欲遣人殺溫

董卓從弟應溫故掾也諫之數日乃獲免溫從車駕都許建安十三年㠯辟司空曹操子丕爲掾操怒奏溫辟忠臣子弟選舉不實免官是歲卒年七十二

贊曰宣鄭二王奉身清方杜林據古張湛矜莊典㠯義黜謂棄郡奔喪以租贖罪也宮由德揚大儀鵠鬓見表憲王鵠鬓白鬓也少卿志仕終乘高箱

宣張二王杜郭吳承鄭趙列傳第十七　後漢書二十七

唐章懷太子賢注

桓譚字君山沛國相人也相縣名故城在今徐州符離縣西北父成帝時爲太樂令譚以父任爲郎因好音律宮商角徵羽謂之五聲聲成文謂之音律謂六律黃鍾太蔟姑洗蕤賓無射夷則善鼓琴博學多通徧習五經皆詁訓大義不爲章句說文曰詁訓古言也章句謂離章辨句委曲枝派也能文章尤好古學數從劉歆揚雄辨析疑異性嗜倡樂倡俳優也簡易不修威儀而憙非毀俗儒由是多見排抵抵擊也音紙哀平閒位不過郎傳皇后父孔鄉侯晏深善於譚傳皇后哀帝后是時高安侯董賢寵幸女弟爲昭儀皇后日已疏晏嘿嘿不得意譚進說曰昔武帝欲立衛子夫陰求陳皇后之過子夫衛皇后也本平陽主家謳者得幸於武帝生男據遂立爲皇后陳皇后武帝姑長公主嫖女也擅寵十餘年無子聞子夫得幸幾死者數焉上怒遂挾婦人媚道事覺廢居長門宮嫖音匹妙反見前書而陳后終廢子夫竟立今董賢至愛而女弟尤幸殆將有子夫之變可不憂哉晏驚動曰然爲之奈何譚曰刑罰不

能加無罪邪枉不能勝正人夫士以才智要君女以媚道求主皇后年少希更艱難或驅使醫巫外求方技此不可不備又君侯以后父尊重而多通賓客必借以重埶貽致譏議不如謝遣門徒務執謙慤此脩已正家避禍之道也晏曰善遂罷遣常客（常或作賓）入白皇后如譚所戒後賢果風太醫令眞欽使求傅氏罪過遂逮后弟侍中喜詔獄無所得乃解故傅氏終全於哀帝之時及董賢爲大司馬聞譚名欲與之交譚先奏書於賢說以輔國保身之術賢不能用遂不與通當王莽居攝篡弒之際天下之士莫不競褒稱德美作符命以求容媚譚獨自守默然無言莽時爲掌樂大夫更始立召拜太中大夫世祖即位徵待詔上書言事失旨不用後大司空宋弘薦譚拜議郎給事中因上疏陳時政所宜曰臣聞國之廢興在於政事政事得失由乎輔佐輔佐賢明則俊士充朝而理合

世務輔佐不明則論失時宜而舉多過事夫有國之君俱欲興化建善然而政道未理者其所謂賢者異也昔楚莊王問孫叔敖曰寡人未得所以爲國是也（莊王名旅穆王商臣之子也孫叔敖楚賢相也言欲爲國於是未知何以得之）叔敖曰國之有是衆所惡也恐王不能定也王曰不定獨在君亦在臣乎對曰君驕士曰士非我無從富貴士驕君曰君非士無從安存人君或至失國而不悟士或至飢寒而不進君臣不合則國是無從定矣莊王曰善願相國與諸大夫共定國是也（事見新序）蓋善政者視俗而施教察失而立防威德更興文武迭用然後政調於時而躁人可定（躁猶動也謂躁撓不定之人也）昔董仲舒言理國譬若琴瑟其不調者則解而更張（事見前書）夫更張難行而拂衆者亡（拂違也音扶弗反）是故賈誼以才逐而鼂錯以智死（賈誼洛陽人也事文帝爲博士每詔令下諸老先生未能言誼盡爲之對人人各如其志所出絳灌之屬害之文帝亦疏之乃以誼爲長沙太傅鼂錯潁川人也事文帝爲太子家令號曰智囊景帝即位爲御史大夫請削諸侯之郡後七國反以誅錯爲名遂腰斬錯見前書）世雖有殊能而終莫敢談者懼於

前事也且設法禁者非能盡塞天下之姦皆合衆人之所欲也大抵取便國利事多者則可矣夫張官置吏以理萬人縣賞設罰以別善惡惡人誅傷則善人蒙福矣今人相殺傷雖已伏法而私結怨讎子孫相報後忿深前至於滅戶殄業而俗稱豪健故雖有怯弱猶勉而行之此爲聽人自理而無復法禁者也今宜申明舊令若已伏官誅而私相傷殺者雖一身逃亡皆徙家屬於邊其相傷者加常二等不得雇山贖罪雇山解見光武紀如此則仇怨自解盜賊息矣夫理國之道舉本業而抑末利是以先帝禁人二業錮商賈不得宦爲吏高祖時令賈人不得衣絲乘車市井子孫不得宦爲吏此所以抑并兼長廉恥也今富商大賈多放田貨中家子弟爲之保役中家猶中等也保役可保信也趨走與臣僕等勤收稅與封君比入收稅謂舉錢輸息利也東觀記曰中家子爲之保役受計上疏趨走俯伏譬若臣僕坐而分利也是以衆人慕效不耕而食至乃多通侈靡以淫耳目今可令諸商賈自相糾告若非

身力所得，皆以臧畀告者。畀，與也。東觀記載譚言曰：「賈人多通侈靡之物，羅紈綺繡，雜綵玩好，以淫人耳目，而竭盡其財，是爲下樹奢媒而置貧本也。求人之儉約富足，何可得乎？夫俗難卒變，而人不可暴化，宜抑其路，使之稍自衰焉。」畀音必二反。如此，則專役一己，不敢以貨與人，事寡力弱，必歸功田畝。田畝修，則穀入多而地力盡矣。又見法令決事，輕重不齊，或一事殊法，同罪異論，姦吏得因緣爲市，所欲活則出生議，所欲陷則與死比，是爲刑開二門也。今可令通義理明習法律者，校定科比，科謂事條，比謂類例。一其法度，班下郡國，蠲除故條。如此，天下知方，而獄無怨濫矣。方猶法也。書奏，不省。是時帝方信讖，多以決定嫌疑。又醻賞少薄，天下不時安定。譚復上疏曰：「臣前獻瞽言，未蒙詔報，不勝憤懣，冒死復陳。愚夫策謀，有益於政道者，以合人心而得事理也。凡人情忽於見事而貴於異聞，觀先王之所記述，咸以仁義正道爲本，非有奇怪虛誕之事。蓋天道性命，聖人所難言也。自子貢以下，不得而聞，況後世淺儒，能通之乎！論語子貢曰：「夫子之文章，可得而聞也；夫子之言性與天道不可得而聞也鄭玄注云性謂人受血氣以生有賢愚吉凶天道七政變動之占也今諸巧慧小才伎數之人增益圖書矯稱讖記伎謂方伎醫方之家也數謂數術明堂羲和史卜之官也圖書即讖緯符命之類也以欺惑貪邪詿誤人主焉可不抑遠之哉東觀記載譚書云矯稱孔丘爲讖記以誤人主也臣譚伏聞陛下窮折方士黃白之術甚爲明矣黃白謂以藥化成金銀也方士有方術之士也而乃欲聽納讖記又何誤也其事雖有時合譬猶卜數隻偶之類言偶中也陛下宜垂明聽發聖意屏羣小之曲說述五經之正義略雷同之俗語詳通人之雅謀雷之發聲衆物同應俗人無是非之心出言同者謂之雷同禮記曰無雷同又臣聞安平則尊道術之士有難則貴介冑之臣介甲也冑兜鍪也今聖朝興復祖統爲人臣主而四方盜賊未盡歸伏者此權謀未得也臣譚伏觀陛下用兵諸所降下既無重賞以相恩誘或至虜掠奪其財物是以兵長渠率各生狐疑黨輩連結歲月不解古人有言曰天下皆知取之爲取而莫知與之爲取言先饒與之後乃可取之老子曰將欲廢之必固與之將欲奪之必固與之陛下誠能輕爵重賞與士共之則何招而不

至何說而不釋，何向而不開，何征而不剋。如此則能以狹爲廣，以遲爲速，亡者復存，失者復得矣。帝省奏，愈不悅。其後有詔會議靈臺所處，（楊衍之洛陽記曰：「平昌門直南大道東是明堂，大道西是靈臺也。」）帝謂譚曰：「吾欲讖決之，何如？」譚默然良久，曰：「臣不讀讖。」帝問其故，譚復極言讖之非經。帝大怒曰：「桓譚非聖無法，將下斬之。」譚叩頭流血，良久乃得解。出爲六安郡丞，（六安郡故城在今壽州安豐縣南。）意忽忽不樂，道病卒，時年七十餘。初，譚著書言當世行事二十九篇，號曰新論，上書獻之，世祖善焉。（新論一曰本造，二王霸，三求輔，四言體，五見徵，六譴非，七啟寤，八祛蔽，九正經，十識通，十一離事，十二道賦，十三辨惑，十四述策，十五閔友，十六琴道。本造、閔友、琴道各一篇，餘並有上下。東觀記曰：「光武讀之，敕言卷大，令皆別爲上下，凡二十九篇。」）琴道一篇未成，肅宗使班固續成之。（東觀記曰：「琴道未畢，但有發首一章。」）所著賦、誄、書、奏，凡二十六篇。元和中，肅宗行東巡狩，至沛，使使者祠譚冢，鄉里以爲榮。

馮衍字敬通，京兆杜陵人也。（東觀記曰：「其先上黨潞人，曾祖父奉世徙杜陵。」）祖野王，元帝時爲大鴻臚野王字君卿奉世之長子也東觀記曰野王生座襲父爵為關內侯座生衍華嶠書曰衍祖父立生滿年十七喪父早卒滿生衍衍幼有奇才年九歲能誦詩至二十而博通羣書王莽時諸公多薦舉之者衍辭不肯仕時天下兵起莽遣更始將軍廉丹討伐山東丹辟衍為掾與俱至定陶莽追詔丹曰倉廩盡矣府庫空矣可以怒矣可以戰矣將軍受國重任不捐身於中野無以報恩塞責丹惶恐夜召衍以書示之衍因說丹曰衍聞順而成者道之所大也逆而功者權之所貴也於正道雖違逆而事有成功者謂之權所謂反經合義者也是故期於有成不問所由論於大體不守小節昔逢丑父伏軾而使其君取飲稱於諸侯左氏傳齊晉戰于鞌晉卿韓厥逐及齊侯齊臣逢丑父乃與齊侯易位使齊侯御東韓厥將及齊侯丑父令齊侯如華泉取飲韓厥乃獻丑父於郤克郤克將戮之呼曰自今無有代其君任患者有一於此將為戮矣郤子曰人不難以死免其君我戮之不祥赦之以勸事君者鄭祭仲立突而出忽終得復位美於春秋蓋以死易生以存易亡君子之道也祭仲鄭大夫突及忽皆鄭莊公子也莊公薨太子忽當立公子突宋之出也故宋人執鄭祭仲公羊傳曰祭仲何以不名賢也何賢乎以為知權其知權奈何宋人執之謂曰為我出忽而立突祭仲不從其言則君必死國必亡從其言則君可以生易死國可以存易亡古人有權者祭仲是也權者反

乎經後有善者也行權有道殺人以自生亡人以自存君子不爲也詭於衆意寧國存身賢智之慮也詭違也故易曰窮則變變則通通則久是以自天祐之吉无不利皆周易下繫之辭若夫知其不可而必行之破軍殘衆無補於主身死之日負義於時負猶失也智者不爲勇者不行且衍聞之得時無怠怠懈也言當急趨時張良以五世相韓椎秦始皇博浪之中張良大父開地相韓昭侯宣惠王襄哀王父平相釐王悼惠王五代相韓謂良父及祖相韓之五王也後秦滅韓良家僮三百人乃悉以家財求客刺秦王得力士爲鐵椎重百二十斤擊始皇於博浪沙中博浪地名在鄭州武陽縣南椎音直追反謂擊之也勇冠乎賁育名高乎泰山孟賁夏育並古之勇士也前書音義曰孟賁生拔牛角夏育衞人力舉千鈞也將軍之先爲漢信臣廉褒襄武人宣帝時爲後將軍即丹之先新室之興英俊不附今海內潰亂人懷漢德甚於詩人思召公也愛其甘棠而況子孫乎人所歌舞天必從之詩小雅曰雖無德與汝式歌且舞言漢氏之德人歌舞之也尚書曰人之所欲天必從之方今爲將軍計莫若屯據大郡鎭撫吏士砥礪其節百里之內牛酒日賜納雄桀之士詢忠智之謀要將來之心待從橫之變興社稷之利除萬人之害則福祿流於無窮功烈著於不滅何

與軍覆於中原身膏於草野（與猶如也）功敗名喪恥及先祖哉聖人轉禍而爲福智士因敗而爲功願明公深計而無與俗同丹不能從進及睢陽復說丹曰蓋聞明者見於無形智者慮於未萌況其昭晳者乎（晳明也商鞅謂秦孝公曰愚者闇於成事智者見於未萌）凡患生於所忽禍發於細微（司馬相如曰禍故多藏於隱微而發於人之所忽也）敗不可悔時不可失公孫鞅曰有高人之行負非於世有獨見之慮見贅於人（語見史記商君傳贅猶惡也史記贅作疑）故信庸庸之論破金石之策（庸常也金石以諭堅也）襲當世之操失高明之德夫決者智之君也疑者事之役也（役猶賤也）時不重至公勿再計丹不聽遂進及無鹽與赤眉戰死（無鹽縣名屬東平郡故城在今鄆州須昌縣東）衍乃亡命河東（華嶠書曰丹死衍西歸更始以亡命軍下司命乘傳逐捕故亡命）更始二年遣尚書僕射鮑永行大將軍事安集北方（永字君長司隸校尉宣之子）衍因以計說永曰衍聞明君不惡切慤之言以測幽冥之論忠臣不顧爭引之患以達萬機之變（慤實也幽冥諭深遠也爭引謂引事與君爭也事非一塗故曰萬機之變也書曰一日二日萬機東觀記衍更始時爲偏將軍與鮑永相善更始既敗固守不以時下建武初）

爲揚化大將軍掾辟鄧禹府數奏記於禹陳政言事自明君以下皆是諫鄧禹之詞非勸鮑永之說不知何據有此乖違是故君臣兩興功名兼立銘勒金石令問不忘今衍幸逢寬明之日將值危言之時危猶高也論語曰天下有道危言危行豈敢拱默避罪而不竭其誠哉伏念天下離王莽之害久矣始自東郡之師翟義也莽居攝元年翟義起兵于東郡莽發八將軍以擊之東郡今滑州也繼以西海之役莽居攝元年西羌龐恬傅幡等怨莽奪其地爲西海郡攻西海太守程永莽遣護羌校尉竇況擊之巴蜀没於南夷莽篡位貶西南夷鉤町王爲侯王邯怨恨攻益州殺大尹陳隆莽發巴蜀吏士擊之出入三年死者十七八緣邊破於北狄莽建國三年烏珠單于遣左賢王入雲中大殺吏人大輩萬餘中輩數千殺鴈門朔方太守略吏人畜産不可勝數緣邊虛耗也遠征萬里暴兵累年暴露也禍挐未解兵連不息挐謂相連引也刑法彌深莽以地皇元年以後爲不須時令自是春夏斬人于市賦斂愈重衆彊之黨橫擊於外百僚之臣貪殘於内元元無聊飢寒並臻父子流亡夫婦離散廬落丘墟田疇蕪穢疾疫大興災異蠭起於是江湖之上海岱之濵風騰波涌更相駘藉莽時江湖海澤麋沸青徐荆楚之地搔擾前書音義曰駘蹈也今此爲駘古字通四垂之人肝腦塗地死亡之數不啻大半殃咎之毒痛入骨髓匹夫僮婦咸懷怨怒僮猶賤也皇

帝㠯聖德靈威龍興鳳舉率宛葉之眾將散亂之兵喢血昆陽長驅武關破百萬之陣摧九虎之軍（莽末下江兵鄧曄王匡攻武關莽乃拜將軍九人皆以虎爲號以捍匡等擊破六虎敗走三虎乃保京師倉鄧曄等乃開武關迎更始）靁震四海席卷天下（席卷言無餘也）攘除禍亂誅滅無道一朞之閒海內大定繼高祖之休烈脩文武之絕業社稷復存炎精更輝德冠往初功無與二（此上二句司馬相如封禪書之詞）天下自以去亡新就聖漢當蒙其福而賴其願樹恩布德易以周洽其猶順驚風而飛鴻毛也（言其易也王襃聖主得賢臣頌曰翼乎如鴻毛遇順風也）然而諸將虜掠逆倫絕理（倫亦理也）殺人父子妻婦女燔其室屋略其財產飢者毛食寒者裸跣（毛草也臣賢案衍集毛字作無今俗語猶然者或古亦通用）冤結失望無所歸命今大將軍㠯明淑之德秉大使之權統三軍之政存撫并州之人惠愛之誠加乎百姓高世之聲聞乎羣士故其延頸企踵而望者非特一人也且大將軍之事豈得珪璧其行束脩其心而已哉（言當恢廓規模不可空自清潔徒約束脩身而已）將定國家之大業成天地

之元功也昔周宣中興之主齊桓霸彊之君耳猶有申伯召虎夷
吾吉甫（申伯周宣王之元舅也召虎召穆公也吉甫謂尹吉甫也皆周宣王臣並見毛詩夷吾管仲之字也）攘其蟊賊（蟊賊食禾稼蟲名諭姦盜侵漁也蟊音牟）
安其疆宇況乎萬里之漢明帝復興而大將軍為之梁棟此誠不
可㠯忽也（左傳子產謂子皮曰子於鄭國棟也棟折榱崩僑將壓焉）且衍聞之兵久則力屈人愁則變生
今邯鄲之賊未滅真定之際復擾（邯鄲謂王郎也真定謂劉揚也）而大將軍所部不過
百里守城不休戰軍不息兵革雲翔百姓震駭柰何自怠不為深
憂夫并州之地東帶名關北逼彊胡（井陘關也要害之塞故曰名關東觀記作石陘關）年穀獨孰
人庶多資斯四戰之地攻守之場也如其不虞何㠯待之故曰德
不素積人不為用備不豫具難㠯應卒（史記子貢說晉君謀未先定不可以應卒卒子忽反）今生人
之命縣於將軍將軍所杖必須良才宜改易非任更選賢能夫十
室之邑必有忠信（東觀記曰無謂無賢路有聖人）審得其人㠯承大將軍之明雖則山
澤之人無不感德思樂為用矣然後簡精銳之卒發屯守之士三

軍既整甲兵已具相其土地之饒觀其水泉之利制屯田之術習戰射之教則威風遠暢人安其業矣若鎮太原撫上黨收百姓之歡心樹名賢之良佐天下無變則足以顯聲譽一朝有事則可以建大功惟大將軍開日月之明發深淵之慮監六經之論觀孫吳之策孫武吳王闔廬將吳起魏文侯將並著兵書也省群議之是非詳眾士之白黑白黑猶賢愚以超周南之迹垂甘棠之風令夫功烈施於千載富貴傳于無窮伊望之策何以加茲伊尹呂望永既素重衍為且受使得自置偏裨乃以衍為立漢將軍東觀記曰時永得置偏裨將五人也領狼孟長屯太原狼孟縣名屬太原郡故城在今并州陽曲縣東北與上黨太守田邑等繕甲養士扞衞并土及世祖即位遣宗正劉延攻天井關與田邑連戰十餘合延不得進邑迎母弟妻子為延所獲東觀記曰鄧禹使積弩將軍馮愔將兵擊邑愔悉得邑母弟妻子後邑聞更始敗乃遣使詣洛陽獻璧馬即拜為上黨太守東觀記曰遣騎都尉弓里游諫大夫何叔武即拜邑為上黨太守因遣使者招永衍永衍等疑

不肯降而忿邑背前約東觀記衍與邑素誓刎頸俱受重任衍乃遺邑書曰蓋聞晉文出奔而子犯宣其忠晉文公重耳辟驪姬之難出奔狐偃勸令返國遂爲霸王子犯卽狐偃字也趙武逢難而程嬰明其賢趙盾晉卿生趙朔朔娶晉成公姊爲夫人晉景公三年大夫屠岸賈誅趙氏殺趙朔滅其族朔妻有遺腹走公宮趙朔客程嬰公孫杵臼杵臼謂程嬰曰胡不死程嬰曰朔之婦有遺腹若幸而生男吾奉之卽女也吾徐死耳居無何朔妻生男屠岸賈聞之乃索于宮中夫人置兒于綺中祝曰趙宗滅乎若嗁卽不滅若無聲及索兒竟無聲程嬰曰今一索不得後必復索之杵臼乃取它嬰兒負之匿山中諸將共攻殺杵臼并孤兒然趙氏眞孤乃在程嬰所卽趙武也居十五年晉景公乃立趙武爲卿而復其田邑事見史記二子之義當矣今三王背叛赤眉危國三王見更始傳天下蟻動社稷顚隕蟻動喻衆是忠臣立功之日志士馳馬之秋也伯玉擢選剖符專宰大郡文帝初與郡守始爲銅虎符竹使符分持其一以爲瑞信剖卽分也夫上黨之地有四塞之固東帶三關西爲國蔽三關謂上黨關壺口關石陘關也陘音形奈何舉之以資彊敵開天下之匈假仇讎之刃豈不哀哉張儀說楚王曰秦下甲攻衞陽晉大關天下匈李斯曰所謂借寇兵而齎盜糧也衍聞之委質爲臣無有二心委質猶屈膝也左傳曰策名委質貳乃辟也臣無二心古之制也挈瓶之智守不假器解見左傳是以晏嬰臨盟擬以曲戟不易其辭晏子春秋曰齊大夫崔杼弒齊莊公乃劫諸大夫盟有敢不盟者戟鉤其頸劒承其心曰不與崔氏而與公室者盟神視之言不疾指不至血者死所殺者七人而後及晏子晏子

歃血仰天曰崔氏無道而殺其君若有能復崔氏而與不與盟神視之遂仰而飲血崔氏曰晏子
與我則齊國吾與共之不與我則戟在脰劍在心子圖之晏子曰劫吾以刃而失其意非勇也留
吾以利而背其君非義也詩云愷悌君子求福不回嬰可
回而求福乎劒刃鉤之直兵推之嬰不革矣崔子遂釋之**謝息守郕脅呂晉魯不喪**
其邑左傳孟孫之家臣謝息孟孫從魯昭公如楚謝息爲孟孫守郕邑晉人來理杞田季孫將
以郕邑與之謝息不可曰夫子從君而守臣喪邑雖吾子亦有猜焉季孫曰君之在楚於
晉罪也又不聽晉魯罪重矣晉師必至吾無以待之謝息曰古人有言挈瓶之智守不假器季孫
曰吾與子桃辭以無山與之萊柞乃遷于桃杜預注曰挈瓶汲器諭小智也魯國下縣東南有桃
虛萊柞
二山名**由是言之內無鉤頸之禍外無桃萊之利**臣賢案謝息得桃邑萊山
故言無桃萊之利也且爲
萊字似棗文又連桃後學者以桃棗易明桃萊難悟不究始
終輒改萊爲棗衍集又作萊或故作棗展轉乖僻爲謬矣**而被畔人之聲蒙降城**
之恥竊爲左右羞之且邾庶其竊邑畔君呂要大利曰賤而必書
莒牟夷呂土地求食而名不滅是呂大丈夫動則思禮行則思義
未有背此而身名能全者也庶其邾大夫以邾邑漆閭丘奔魯故言竊邑畔君以要
利也牟夷莒大夫竊牟婁及防茲來奔昭公二十一年
邾黑肱以濫來奔左傳曰以地畔求食而已不求其名賤而必書以名其人終爲不義不可
滅已是故君子動則思禮行則思義或求名而不得或欲蓋而名彰此所爲三畔人名者也**爲**
伯玉深計莫若與鮑尙書同情戮力顯忠貞之節立超世之功如
呂尊親係累之故能捐位投命歸之尙書大義既全敵人紓怨紓
緩

也音舒上不損剖符之責下足救老幼之命申眉高談無愧天下若乃貪上黨之權惜全邦之實衍恐伯玉必懷周趙之憂上黨復有前年之禍史記曰趙孝成王時韓上黨太守馮亭使人至趙曰韓不守上黨入之於秦其吏人皆安為趙不欲為秦有城市邑十七願再拜入之趙趙王大喜召平陽君豹告曰馮亭入城市邑十七受之何如豹曰聖人甚禍無故之利夫秦蠶食韓氏地中絕不令相通韓氏所以不入於秦者欲嫁其禍於趙也必勿受也趙王不聽遂發兵取上黨於是秦人圍趙阬其卒四十萬秦又圍邯鄲又攻西周拔之故言懷周趙之憂前年猶往時昔晏平仲納延陵之誨終免欒高之難延陵邑名吳公子季札所封故以號焉左傳魯襄二十九年季札聘齊見晏平仲曰子速納邑與政無邑無政乃免於難晏子因陳桓子以納邑與政是以免於欒高之難欒謂子雅高謂子尾皆齊大夫左氏魯昭公八年欒高作難晏子無罪孫林父違穆子之戒故陷終身之惡孫林父衛大夫孫文子也穆子魯大夫叔孫豹也左傳衛侯使孫林父聘魯且尋盟公登亦登叔孫穆子相儀趨進曰諸侯之會寡君未嘗後衛君今吾子不後寡君未知所過孫子無詞亦無悛容穆子曰孫子必亡為臣而君過而不悛亡之本也至襄十四年孫林父逐出衛獻公獻公復入國林父遂以戚邑畔是陷于終身之惡以為伯玉聞此至言必若刺心自非嬰城而堅守則策馬而不顧也言不過為二塗而已聖人轉禍而為福智士因敗以成勝願自還於時無與俗同邑報書曰僕雖駑怯亦欲為人者也豈苟貪生而畏死哉曲戟在頸不易其心誠僕志也間者老母

諸弟見執於軍而邑安然不顧者豈非重其節乎若使人居天地壽如金石要長生而避死地可也今百齡之期未有能至老壯之間相去幾何誠使故朝尚在忠義可立雖老親受戮妻兒橫分邑之願也間者上黨黠賊大衆圍城義兵兩輩入據井陘邑親潰敵圍拒擊宗正（謂劉延）自試智勇非不能當誠知故朝爲兵所害新帝司徒已定三輔（謂劉禹也）隴西北地從風響應其事昭昭日月經天河海帶地不足以比（言明白也）死生有命富貴在天（論語子夏之詞）天下存亡誠云命也邑雖沒身能如命何夫人道之本有恩有義義有所宜恩有所施君臣大義母子至恩今故主已亡義其誰爲老母拘執恩所當留而厲以貪權誘以策馬抑其利心必其不顧何其愚乎邑年三十歷位卿士性少嗜慾情厭事爲況今位尊身危財多命殆鄙人知之何疑君子君長敬通（君長鮑永字也）揭節垂組自相署立（揭音其謁反謂負也）蓋仲由使

門人爲臣孔子譏其欺天孔子有疾仲由欲使門人爲臣以大夫之禮葬孔子孔子謂曰由之行詐也吾誰欺欺天乎事見論語君長據位兩州加以一郡衍集鮑永行將軍事安集并州擁兵屯太原與太原李仲房同心并力而河東畔國兵不入彘聞更始敗故諸國畔也不入彘言不征之也彘縣名屬河東郡順帝改曰永安上黨見圍不窺大谷即上所謂黠賊所圍城者也大谷自太原趣上黨之道不窺言不來救也今并州大谷縣西有大谷是宗正臨境莫之能援兵威屈辱國權日損三王背畔赤眉害主未見兼行倍道之赴昔墨翟累繭救宋申包胥重胝存楚衛女馳歸唁兄之志衛女衛宣公庶子頑之女爲許穆公夫人其兄即戴公弔失國曰唁衛懿公爲狄所滅戴公乃立廬于曹邑許穆夫人閔衛亡思歸唁之不得乃賦載馳之詩事見左傳主亡一歲莫知定所虛冀妄言苟肆鄙塞未能事生安能事死未知爲臣焉知爲主豈厭爲臣子思爲君父乎欲搖泰山而蕩北海言不可也孟子曰挾泰山而超北海也事敗身危要思邑言衍不從或訛言更始隨赤眉在北訛僞也永衍信之故屯兵界休界休縣屬太原郡今汾州縣方移書上黨云皇帝在雍以惑百姓永遣弟升及子壻張舒誘降涅城東觀記曰升及舒等謀使營尉李匡先反涅城開門內兵殺其縣長馮晏立故謁者祝回爲涅長涅縣名屬上黨郡故城在今潞州鄉縣之西涅音奴結反舒家在上黨

邑恐繫之又書勸永降永不答東觀記載邑書曰愚聞丈夫不釋故而改圖哲士不徼幸而出危今君長故主敗不能死新帝立不肯降擁衆而據壁欲襲六國之從與邑同事一朝內爲刎頸之盟興兵背畔攻取涅城破君長之國壞父母之鄉首難結怨輕弄凶器人心難知何意君長當爲此計昔者韓信將兵無敵天下功不世出略不再見威執項羽名出高帝不知天時就亭於漢知伯分國既有三晉欲大無已身死地分頭爲飲器君長銜命出征擁帶徒士上黨阨不能救河東畔不能取朝有顛沛之憂國有分崩之禍上無仇牧之節下無不占之志天之所壞人不能支君長將兵不與韓信同日而論威行得衆不及智伯萬分之半不見天時不知厭足欲明人臣之義當先知故主之未然欲貪天下之利宜及新主之未爲今故主已敗新主既成四海爲羅網天下爲敵人舉足遇害動搖觸患履深淵之薄冰不爲號涉千鈞之發機不知懼何如其知也絕鮑氏之姓廢子都之業誦堯之言服桀之行悲夫命也張舒內行邪孽不遵孝友疏其父族外附妻黨已收三族將行其法能逃不自詣者舒也能夷舒宗者予也永邑遂結怨焉自是與邑有隙邑字伯玉馮翊人也後爲漁陽太守東觀記曰邑馮翊蓮芍人也其先齊諸田父豐爲王莽著威將軍邑有大節涉學藝能善屬文爲漁陽太守未到官道病徵還爲諫議大夫病卒永衍審知更始已歿乃其罷兵幅巾降於河內不知冠幘但以一幅巾飾首而已帝怨衍等不時至永曰立功得贖罪遂任用之立功謂說下懷而衍獨見黜永謂衍曰昔高祖賞季布之罪誅丁固之功季布項羽將數窘漢王漢王即位赦布以爲郎中丁固季布母弟爲項羽將亦窘高祖高祖急顧謂丁固曰兩賢豈相戹哉丁公引還高祖即位丁固謁見高祖曰使項王失天下者丁公也遂斬之今遭明主亦何憂哉衍曰記有之人有挑其鄰人之妻者挑其長者長

者詈之，挑其少者，少者報之，後其夫死而取其長者。或謂之曰：「夫非罵爾者邪？」曰：「在人欲其報我，在我欲其罵人也。」此並陳軫對秦王之詞也，見戰國策。引之者，言已爲故主守節，亦冀新帝重之也。挑音徒了反。夫天命難知，人道易守，守道之臣，何患死亡？頃之，帝以衍爲曲陽令，曲陽，縣名，屬常山郡，故城在今定州彭城縣西也。誅斬劇賊郭勝等，降五千餘人。論功當封，以讒毀故，賞不行。建武六年日食，續漢志曰：「建武六年九月丙寅晦，日有食之，史官不見，郡以聞。」衍上書陳八事：其一曰顯文德，二曰褒武烈，三曰修舊功，四曰招俊傑，五曰明好惡，六曰簡法令，七曰差秩祿，八曰撫邊境。書奏，帝將召見。初，衍爲狼孟長，以罪摧陷大姓令狐略。是時略爲司空長史，讒之於尚書令王護、尚書周生豐曰：「衍所以求見者，欲毀君也。」風俗通曰：「周生，姓也。」豫章舊志曰：「豐字偉防，太山南武陽人也。建武七年爲豫章太守，清約儉惠。」護等懼之，即共排閒，衍遂不得入。後衞尉陰興、新陽侯陰就以外戚貴顯，深敬重衍，衍遂與之交結，由是爲諸王所聘請。興及就並光烈皇后母弟也。衍集與陰就書曰：「衍聞神龍驤首，幽雲景蒸，明聖修德，志士思名，是以意同情合，聲比相應也伏見君侯忠孝之性慈仁慇懃論義周密思慮深遠顧以微賤數蒙聖恩被侯大惠衍年老被病恐一旦無祿命先犬馬懷抱不報賫恨入冥思剖肝膽有以塞責方今天下安定四海咸服蒙恩更生之臣無所効其死力側聞東平山陽王壯當之國擇除官屬衍不自量願侯自以衍備門衞鄙語曰水不激不能破舟矢不激不能飲羽不念舊惡名賢所高負責之臣欲言不敢惟侯哀憐深留聖心則闔棺之日魂復何恨

譚為司隸從事帝懲西京外戚賓客故皆以法繩之大者抵死徙其餘至貶黜衍由此得罪嘗自詣獄有詔赦不問

時衍又與就書曰奏曹掾馮衍叩頭死罪衍材素愚駑行義汚穢外無鄉里之譽內無汗馬之勞猥蒙明府天覆之德華寵重疊閒者掾史疑衍之罪眾煦飄山當為灰土賴蒙明察援其素行復保首領倍知厚德篤於慈父寖淫肌膚滲漉骨髓德重山嶽澤深河海前送妻子還淄縣遭雨逢暑以七月還至陽武聞詔捕諸王賓客惶怖詣闕冀先事自歸十一月到十二日書報歸田里即日東手詣洛陽詔獄十五日夜詔書勿問得出遭雨又疾大困冀高世之德施以田子老馬之惠賙以秦穆駿馬之恩使長有依歸以效忠心

西歸故郡閉門自保不敢復與親故通

馮衍傳第十八下　　後漢書二十八下

唐章懷太子賢注

建武末上疏自陳曰臣伏念高祖之略而陳平之謀毀之則疏譽之則親史記曰魏無知薦陳平於高祖高祖以平爲將絳灌等咸譖平曰雖美丈夫如冠玉耳居家盜嫂今大王令護軍諸將金多者得善處金少者得惡處高祖讓魏無知無知曰臣所言者能也陛下所問者行也楚漢相拒臣進奇謀之士盜嫂受金又何足疑高祖乃令平盡護諸將也以文帝之明而魏尚之忠繩之以法則爲罪施之以德則爲功魏尚槐里人文帝時爲雲中守匈奴不近雲中後坐上首虜差六級下之吏罰作之馮唐諫文帝曰臣愚以爲陛下法太明罰太重賞太輕帝悅是日令唐持節赦尚復以爲雲中守也逮至晚世董仲舒言道德見妒於公孫弘史記曰董仲舒爲人廉直公孫弘習春秋不如董生弘希時用事位至公卿仲舒以弘爲從諛弘嫉之時膠西王帝兄驕縱弘乃言於上曰獨仲舒可使相膠西膠西王素聞仲舒亦善待之李廣奮節於匈奴見排於衛青史記曰李廣隴西成紀人也爲前將軍從衛青討匈奴青不使當匈奴廣乃失道後期青令對簿廣乃引刃自刎知與不知莫不流涕此忠臣之常所爲流涕也臣衍自惟微賤之臣上無無知之薦下無馮唐之說乏董生之才寡李廣之勢而欲免讒口濟怨嫌豈不難哉臣衍之先祖以忠貞之故成私門之禍衍之祖馮參忠正不

屈節於王氏五侯參姊爲中山王太后後爲哀帝祖母傅太后陷以大逆參自殺親族死者十七八見前書而臣衍復遭擾攘之時值兵革之際不敢回行求時之利回邪也事君無傾邪之謀將帥無虜掠之心衞尉陰興敬慎周密內自修勑外遠嫌疑故敢與交通興知臣之貧數欲本業之欲遺其財爲立基本生業也臣自惟無三益之才不欲處三損之地固讓而不受之論語載孔子言曰益者三友損者三友故衍引以爲言也昔在更始太原執貨財之柄居倉卒之間據位食祿二十餘年而財產歲狹居處日貧家無布帛之積出無輿馬之飾於今遭清明之時飭躬力行之秋力行謂盡力行善道也禮記曰好問近於智力行近乎仁也而怨讎叢興譏議橫世蓋富貴易爲善貧賤難爲工也疏遠壠畝之臣無望高闕之下惶恐自陳以救罪尤書奏猶以前過不用衍不得志退而作賦又自論曰馮子以爲大人之德不碌碌如玉落落如石老子道德經之辭也言可貴可賤皆非道眞玉貌碌碌爲人所貴石形落落爲人所賤賤既失矣貴亦未得言當處才不才之間風興雲蒸一龍一蛇與道翱翔與時變化夫豈守一節哉風興雲蒸言相須也東方

用之則行，舍之則藏，進退無主，屈伸無常。（朔誡子書曰：聖人之道，一龍一蛇，形見神藏，與物變化，隨時之宜，無有常處。化音協韻音花。）故曰：有法無法，因時為業；有度無度，與物趣舍。（史記司馬談之詞也。言法度是非皆隨時俗，物所趣則向之，所舍則違之，所謂隨時之義也。）常務道德之實，而不求當世之名，闊略杪小之禮，蕩佚人間之事。（放蕩縱逸，不拘恆俗也。）正身直行，恬然肆志。顧嘗好俶儻之策，時莫能聽用其謀，（顧猶及也。俶儻，卓異貌也。）喟然長歎，自傷不遭。（遭，遇也。）久棲遲於小官，不得舒其所懷。（棲遲猶偃息也。）抑心折節，意悽情悲。夫伐冰之家，不利雞豚之息；（言食厚祿不當求小利也。禮記曰：畜馬乘不察於雞豚，伐冰之家不畜牛羊。伐冰謂卿大夫以上，以其喪祭得賜冰，故言伐冰也。韓詩外傳曰：天子不言多少，諸侯不言利害，大夫不言委積，駟馬之家不恃雞豚之息，伐冰之家不恃牛羊之入也。）委積之臣，不操市井之利。（韓詩外傳曰：千乘之君不通貨財，委積之臣不操市井之利，是以貧窮有所勸而孤寡有所措也。）況歷位食祿二十餘年，而財產益狹，居處益貧。惟夫君子之仕，行其道也。慮時務者不能興其德，為身求者不能成其功。（言不可兼也。）去而歸家，復羇旅於州郡，身愈據職，家彌窮困，卒離飢寒之災，有喪元子之禍。先將軍葬渭陵，哀帝之崩也，營之已為園奉世為右將軍創衍之曾祖故言先將軍渭陵元帝陵在長安北五十里哀帝義陵在長安北四十六里奉世墓入義陵塋中所以行不得入葬而別求也於是曰新豐之東鴻門之上壽安之中太上皇思東歸乃遷豐邑人於此立縣故曰新豐鴻門阪名前書音義曰在新豐東十七里舊大道北下阪口地埶高敞四通廣大南望酈山北屬涇渭東瞰河華龍門之陽三晉之路龍門河所經今絳州縣也三晉謂韓趙魏也西顧豐鄗周秦之丘宮觀之墟豐鄗二水名周文王都豐武王都鄗秦本封在隴西秦縣周平王東遷以後秦始有岐州之地故總言周秦之丘丘亦墟也通視千里覽見舊都遂定塋焉史記衍墓在今新豐縣南四里退而幽居蓋忠臣過故墟而歔欷孝子入舊室而哀歎史記曰箕子朝周過殷墟感生禾黍箕子傷之欲哭則不可欲泣爲其近婦人乃作麥秀之詩殷人聞之皆爲流涕禮記檀弓曰反哭升堂反諸其所作也入室反諸其所養也反而亡焉失之哀於是爲甚也每念祖考著盛德於前垂鴻烈於後遭時之禍墳墓蕪穢春秋蒸嘗昭穆無列司馬相如賦曰墳墓蕪穢面不修父爲昭子爲穆昭南面穆北面也年衰歲暮悼無成功將西田牧肥饒之野殖生產修孝道營宗廟廣祭祀然後闔門講習道德觀覽乎孔老之論庶幾乎松喬之福列仙傳赤松子神農時雨師也服水玉能入火自燒常止西王母石室中能隨風上下王子喬周靈王太子晉也好吹笙作鳳鳴游伊洛之間道人浮丘公接以上嵩高山遂仙去也上隴阪陟高岡游精宇宙流目

八紘（尹文子曰四方上下曰宇蒼頡篇曰舟輿所屆曰宙淮南子曰九州之外乃有八夤八夤之外乃有八紘也、）歷觀九州山川之體追覽上古得失之風愍道陵遲傷德分崩夫覩其終必原其始故存其人而詠其道疆理九野經營五山眇然有思陵雲之意（彊界也理正也九野謂九州之野經營猶往來五山即五嶽也）乃作賦自厲命其篇曰顯志顯志者言光明風化之情昭章元妙之思也其辭曰開歲發春兮百卉含英（開發者始也爾雅曰春為發生卉草也楚辭曰獻歲發春兮）甲子之朝兮汨吾西征（君子舉事尚早故以朝言之汨行貌楚辭曰汨吾南征汨音于筆反）發軔新豐兮裴回鎬京（軔止車木也將行故發之）陵飛廉而太息兮登平陽而懷傷（飛廉觀名武帝元封二年立於長安上有銅飛廉因以名焉前書音義曰飛廉神禽能致風氣有角而蛇尾文如豹文平陽縣名故城在今岐州岐山縣西南）悲時俗之險阨兮哀好惡之無常（時既險薄所以好惡不同楚辭曰悲時俗之迫阨也）棄衡石而意量兮隨風波而飛揚（衡秤衡也三十斤為鈞四鈞為石言時人棄衡石以意測量喻背法度也隨風波而飛揚言無志操也）紛綸流於權利兮親靁同而妒異獨耿介而慕古兮豈時人之所憙（言時俗溺于權利也同己則親之異己則妒之今己不與之同所以見惡也）汨先聖之成論兮藐名賢之高風忽道德之珍麗兮務富貴之樂耽

沮敗也懇陵也耽亦樂也言時人之行如此遵大路而裵回兮履孔德之窈冥固衆夫之所眩
兮孰能觀於無形遵循也大路大道也老子曰大道汎兮又曰孔德之容窈兮冥兮其中有精又曰大象無形孔之爲言空也窈冥謂幽玄也道以空爲主故無
物而不容時俗眩于名利孰能觀大象無形哉行勁直以離尤兮羌前人之所有內自省而不慙
兮遂定志而弗改離遭也尤過也羌語發聲也言古人有爲勁直行而遭尤過者有之矣即屈原賈誼之流也衍內自省察不慙于古人遂守志不改也欣
吾黨之唐虞兮愍吾生之愁勤聊發憤而揚情兮將以蕩夫憂心
傷已不逢堯舜也蕩散也往者不可攀援兮來者不可與期病沒世之不稱兮願橫
逝而無由言唐虞往不可攀援而及將來賢哲又不可豫期所病終身之後名譽不稱又願縱橫遠逝而其路無由也論語孔子曰君子疾沒世而名不稱也陟雍
時而消搖兮超略陽而不反念人生之不再兮悲六親之日遠雍縣
名屬右扶風故城在今岐州雍縣南畤者止也神靈之所止也史記曰秦并天下祠雍四畤漢加黑帝謂之五畤消搖猶覬望也超過也略陽縣名屬天水郡今隴州隴城縣也六親夫婦父子兄
弟也陟九嵕而臨巀嶭兮聽涇渭之波聲巀嶭山一名嵳峩在今三原縣北巀音才結反嶭音五結反顧鴻
門而歔欷兮哀吾孤之早零何天命之不純兮信吾罪之所生傷
誠善之無辜兮齎此恨而入冥零落也吾孤早零即上所謂喪元子者也子既早殀未有邪僻故云誠善無辜罪也冥謂地也齎恨入

冥言死有餘恨也嗟我思之不遠兮豈敗事之可悔雖九死而不眠兮恐餘殃之有再淚汍瀾而雨集兮氣滂滓而雲披心怫鬱而紆結兮意沈抑而內悲言已往者託于貴戚之權幾陷誅戮之罪此由我思慮不深遠已敗之事悔之無及雖復九死而目不瞑言怨恨之深也楚辭曰雖九死其猶未悔眠卽瞑也今縱飭躬自勗又遜殃禍至門所以淚落意沈氣憤心結也瞰太行之嵳峩兮觀壺口之崢嶸悼丘墓之蕪穢兮恨昭穆之不榮太行山在上黨南壺口山在上黨東衍之遠祖馮亭爲韓上黨守以上黨降趙趙封亭三萬戶號華陽君死因葬上黨其墓在今潞州上黨縣西衍在關中遙相望之卽序所謂通視千里覽見舊都者也嵳峩高大貌崢嶸深邃貌歲忽忽而日邁兮壽冉冉其不與恥功業之無成兮赴原野而窮處與猶待也楚辭曰日忽忽其將暮又曰老冉冉其將至功業無成情多憂憤故赴原野而窮居也昔伊尹之干湯兮七十說而乃信皐陶釣於靁澤兮賴虞舜而後親無二士之遭遇兮抱忠貞而莫達率妻子而耕耘兮委厥美而不伐伊尹名摯負鼎俎以干湯七十說而乃信謂年七十說湯乃得信也皇甫謐帝王記曰伊摯豐下銳上色黑而短僂身而下聲年七十而不遇湯聞其賢設朝禮而見之摯乃說湯致於王道信音申呂氏春秋曰舜陶于河濱漁于靁澤今言皐陶未詳靁澤在今濮州靁澤縣東也韓盧抑而不縱兮騏驥絆而不試獨慷慨而遠覽兮非庸庸之所識戰國策曰齊欲伐魏湻于髡謂齊王曰韓盧天下之壯犬也淮南子曰

絆騏驥而求千里衍喻己有高才而不申所以獨慷慨遠覽非庸庸之徒所能識也識協韻音志卑衞賜之阜貨兮高顏回之所慕重祖考之洪烈兮故收功於此路卑賤也阜積也衍賤子貢貨殖慕顏回樂道所以不從流俗專心貞固者以其祖考功業隆大若苟求富貴恐致黜辱故於此路收功也循四時之代謝兮分五土之刑德相林麓之所產兮嘗水泉之所殖修神農之本業兮採軒轅之奇策追周棄之遺教兮軼范蠡之絕跡周禮五土一曰山林二曰川瀆三曰丘陵四曰墳衍五曰原隰家語曰地東西爲緯南北爲經山爲積德川爲積刑穀梁傳曰林屬於山曰麓周禮曰山林動物宜毛殖物宜早淮南子曰汾水濁宜麻濟水和宜麥河水調宜菽洛水輕利宜禾渭水多力宜黍江水肥宜稻管子曰四七二十八尺而至於泉其水白而甘宜黍秫三七二十一尺而至於泉其水黃而有臭宜大菽與麥二七一十四尺至於泉其味鹹宜稻與麥此嘗水泉之所殖也周易曰神農氏斲木爲耜揉木爲耒耒耜之利以教天下蓋取諸益周書曰神農之時天雨粟神農耕而種之軒轅黃帝也大戴禮曰黃帝時播種百穀草木節用水火財物人得其利周棄帝嚳之子爲兒之時其游戲好種樹麻菽及成人遂好耕農相地之宜人皆法則之帝堯聞之舉棄爲農師天下得其利故言遺教軼過也范蠡南陽人事越王句踐苦身戮力竟滅吳報恥既而以爲大名之下難以久居乃與其私屬乘舟浮海以行變姓名適齊爲鴟夷子皮之陶爲朱公終身不返是絕迹也陟隴山以喻望兮眇然覽於八荒風波飄其並興兮情惆悵而增傷喻猶遙也古字通八荒八方荒遠之地覽河華之泱漭兮望秦晉之故國憤馮亭之不遂兮慍去疾之遭戚馮亭以上黨降趙秦破趙於長平而亭死故言不遂慍怨也馮去疾爲秦丞相胡亥元年用趙高計

始皇大臣咸見誅戮無遺脫者是遭惑也亭及去疾皆衍之先故遠懷憤怨也泱音烏朗反莽音莽流山岳而周覽兮徇碣石與洞庭浮江河而入海兮泝淮濟而上征碣石海畔山也在今平州東洞庭湖名也中有洞庭山在今岳州西南衍既不同流俗情多憤怨故假言涉歷江山周流河海屈原云吾將遠逝以自適路修遠以周流之類也瞻燕齊之舊居兮歷宋楚之名都哀羣后之不祀兮痛列國之爲墟燕都今薊縣也齊都營丘今臨淄縣也宋都睢陽今宋州也楚初都丹陽在歸州後都郢在今荆州至考烈王爲秦所逼又徙都壽春今壽州也不祀言皆絕也臧文仲曰咎陶庭堅不祀也馳中夏而升降兮路紆軫而多艱講聖哲之通論兮心愊憶而紛紜紆軫猶盤曲也愊憶猶鬱結也紛紜猶脊亂也愊音普逼反惟天路之同軌兮或帝王之異政堯舜煥其蕩蕩兮禹承平而革命惟思也言思上天之路軌躅則同而帝王政教參差有異班固曰仰天路而同軌白虎通曰德合天者稱帝仁義合者稱王故言異政也煥文章貌蕩蕩政化平暢貌論語孔子曰惟天爲大唯堯則之煥乎其有文章蕩蕩乎人無能名焉堯舜同道故兼言之舜禪位于禹禹承堯舜之後而改制度禪子故曰承平革命也并日夜而幽思兮終悇憛而洞疑高陽邈其超遠兮世孰可與論兹孔子曰吾嘗終日不食終夜不寢以思楚辭云心悇憛而懷惑廣蒼云悇憛禍福未定也悇音它乎反憛音它紺反或作惔憏惔音丑加反憏音丑制反未定也高陽帝顓頊之號也洞亦不定也史記曰虛愓洞疑又曰高陽氏沈深而有謀疏通而知事以其有謀而疏通故欲與之論事訊夏啟於甘澤兮傷帝典之始傾頌成康之載德兮詠南風之

歌聲訊問也啟禹子也尚書曰啟與有扈大戰于甘之野孔安國注云有扈與夏同姓恃親而不恭故啟征之於甘野甘野在今鄠縣啟既德薄同姓相攻故傷帝典之傾也易曰德積
載史記曰成康之際天下安寧刑錯三十餘年而不用周南召南謂國風之首篇歌文王之德故詠之也非舜南風之歌思唐虞之晏晏兮揖稷
契與爲朋苗裔紛其條暢兮至湯武而勃興尚書考靈耀曰放勛欽明文思晏晏鄭元注曰寬容覆載謂之
晏稷名棄爲堯后稷契爲堯司徒契十四葉孫號湯滅夏桀而王有天下后稷十六葉號周武王滅殷紂而王天下勃盛貌也左傳曰其興也勃焉昔三后之純粹
兮每季世而窮禍弔夏桀於南巢兮哭殷紂于牧野三后夏殷周也惜其不能始終純茂
每至末代必窮其災禍湯放桀于南巢武王滅紂于牧野周之季業幽王爲西戎所殺也離騷曰昔三后之純粹何桀紂之猖披南巢地名廬州巢縣也孔安國曰牧野紂近郊三十里地名也在
今衞州詔伊尹於亳郊兮享呂望於酆州功與日月齊光兮名與三王
爭流詔召也亳湯都在京兆杜陵亭呂望周太師翼周滅殷者也酆文王所都水中可居曰洲也楊朱號乎衢路兮墨子泣乎
白絲知漸染之易性兮怨造作之弗思淮南子曰楊子見逵路而哭之爲其可以南可以北傷其本同而末異也墨子
曰墨子見染絲歎曰染於蒼則蒼染於黃則黃五入之則爲五色故染不可不慎非獨絲也國亦有染湯染伊尹紂染惡來也先王正道規摹有常苟生穿鑿則岐路競起故墨子知漸染之易性
楊朱悲造作之弗思美關雎之識微兮愍王道之將崩披周唐之盛德兮捃桓
文之譎功薛夫子韓詩章句曰詩人言雎鳩貞潔以聲相求必于河之洲蔽隱無人之處故人君動靜退朝入于私宮妃后御見去留有度今人君內傾于色大人見其萌故

詠關雎說淑女正容儀也方言曰捃取也譎詐也齊桓公晉文公俱有霸功孔子曰晉文公譎而不正齊桓公正而不譎時周衰政亂桓文能統率諸侯翼戴天子故取其一切之功也

忿戰國之遘禍兮憎權臣之擅彊黜楚子於南郢兮執趙武於湨梁

周室衰微七國交爭是爲戰國時吳楚僭號皆稱王孔子修春秋以蠻夷大者不過子故皆黜曰子又春秋稱公會晉宋衛鄭曹莒邾薛杞于湨梁戊寅大夫盟公羊傳曰諸侯皆在言大夫盟何信在大夫何言乎信在大夫偏刺天下之大夫也曷爲偏刺天下之大夫君若綴旒然趙武晉卿趙文子也時晉爲盟主文子晉之正卿而爲不臣之行故欲執之也湨水名在河內軹縣東南至溫入河爾雅曰梁莫大於湨梁音古覓反

善忠信之救時兮惡詐謀之妄作聘申叔於陳蔡兮禽荀息於虞虢

申叔楚莊王時賢臣申叔時者也左傳陳夏徵舒弒靈公楚莊王伐陳殺夏徵舒因滅陳爲縣申叔時諫莊王曰夏徵舒弒其君其罪大矣討而戮之君之義也諸侯之從曰討有罪也今縣陳貪其富也以討召諸侯而以貪終之無乃不可乎王曰善哉吾未之聞也乃復封陳聘謂問之也時惟在陳而兼言蔡者蓋以陳蔡相近因連言之也荀息晉大夫左傳曰晉荀息請以屈產之乘垂棘之璧假道于虞以伐虢公曰是吾寶也對曰若得道于虞猶外府也乃假道于虞以滅虢師還遂襲虞滅之

誅犂鉏之介聖兮討臧倉之愬知嬖子反於彭城兮爵管仲於夷儀

犂鉏齊大夫介猶間也韓子曰仲尼爲政於魯道不拾遺齊景公患之犂鉏曰去仲尼猶吹毛耳君何不遺魯公以女樂以驕其意魯君樂之必怠於政仲尼必諫諫而不聽必輕絕魯景公曰善乃令犂鉏以女樂遺魯哀公樂之公怠于政仲尼諫不聽遂去之孟子曰魯平公將出嬖人臧倉請曰它日君出必命有司所之今已駕矣敢請公曰吾將見孟子倉曰君何爲輕身以先於匹夫者以爲賢乎禮義由賢者出孟子後喪踰前喪君無見焉公曰諾樂正子見孟子曰君將來見嬖人有臧倉者沮君是以不來孟子曰吾之不遇魯侯天也臧氏之子焉能使予不遇哉愬猶譖也知謂明於事也子反楚大夫也

名側案媟字呂忱音仕眷反勉也東觀記作譏字此雖作媟蓋亦譏刺之意也春秋經書宋楚平公羊傳曰外平不書此何以書貶曷為貶平者在下何休注云譏子反華元專盟不受君命故貶之然則子反違命盟蓋以平宋城下而言彭城者彭城宋之邑故舉以言之左傳宋大夫魚石等出奔楚楚伐宋取彭城以封魚石宋人圍彭城楚子重救彭城伐宋此言子反蓋衍誤也如曰不然或別有所據管仲齊桓公之相名夷吾夷儀邢邑也翟人滅邢管仲輔齊桓公築夷儀以封邢邢遷如歸於是天下諸侯知桓公之不為已動也是故天下歸之唯能用管夷吾而霸功立事見國語以其能輔王成業故就夷儀而爵賞也

疾兵革之寖滋兮苦攻伐之萌生沈孫武於五湖兮斬白起於長平

寖漸也孫武吳王闔廬將也善用兵越絕書曰太湖周三萬六千頃虞翻云太湖有五道故謂之五湖隔湖洮湖射湖貴湖及太湖為五湖並太湖之小支俱連太湖故太湖兼得五湖之名在今湖州東也史記曰白起郿人也事奉昭王以上將軍擊趙於長平前後阬斬首虜四十五萬長平地名在今澤州也

惡叢巧之亂世兮毒縱橫之敗俗流蘇秦於洹水兮幽張儀於鬼谷

叢細也毒恨也關東為從關西為橫蘇秦洛陽人也師事鬼谷先生為從說說關東六國為從親以畔秦會于洹水之上刳白馬而盟張儀魏人也與蘇秦同師為關西橫說說六國令事秦皆尚誣詐不遵道德洹水出汲郡林慮縣鬼谷谷名即鬼谷先生所居地在今洛州洛陽城北叢或作菆義亦通

澄德化之陵遲兮烈刑罰之峭峻燔商鞅之法術兮燒韓非之說論

陵遲言頹替也澄猶清也烈慘也商鞅姓公孫氏好刑名之學事秦孝公變法令使人什五相司犯禁相連坐不告姦者要斬告姦者與斬敵同賞匿姦者與降敵同罰人有二男以上不分異者倍其罰行之四年秦人富強韓非韓之諸公子也亦好刑名法術之學口吃不能言著書作孤憤五蠹內外儲說難十餘萬言皆尚法術少仁恩並見史記

誚始皇之跋扈兮投李斯於四裔滅先王之

法則兮禍浸淫而弘大誚責也跋扈猶彊梁也李期上蔡人爲秦丞相上書曰今諸生不師今而學古惑亂黔首臣請非秦記皆燒之天下敢有藏詩書百家語者皆燒之令下三十日不燒黥爲城旦制曰可是滅先王之法則援前聖以制中兮矯二主之驕奢饁女齊於絳臺兮饗椒舉於章華援引也矯正也饁餉也女齊晉大夫司馬侯也絳晉國所都國語曰晉平公爲九層之臺叉曰叔向見司馬侯之子撫而泣曰自其父之死吾蔑與事君矣昔者其父始之我終之我始之夫子終之無不可者是女齊事君必有規諫必諫作臺但書典散亡無以言耳椒舉楚大夫伍舉也饗宴也章華臺名在南郡華容縣楚語曰靈王爲章華之臺與椒舉升王曰臺美乎對曰臣聞國君服寵以爲美安人以爲樂不聞其以土木之崇高爲美先君莊王爲匏居之臺高不過望國氣大不過容宴豆用不煩官府人不廢時務今君爲此臺國人疲焉財用盡焉臣不知其美二王謂晉楚之君二或作亡摛道德之光耀兮匡衰世之眇風褭宋襄於泓谷兮表季札於延陵摛布也眇微也公羊傳曰宋公及楚戰於泓之陽楚人濟泓而來有司曰迨其未畢濟而擊之宋公曰不可吾聞之也君子不厄人於險吾雖亡國之餘寡人不忍行也既濟未畢陳有司復曰請擊之宋公曰不可吾聞君子不鼓不成列已陳然後擊之宋師大敗故君子大其不鼓不成列臨大事而不忘大禮以爲文王之戰亦不過此季札吳王壽夢之少子也封於延陵昆弟四人札最少而賢壽夢卒諸兄欲立之札棄其室而耕乃捨之泓音烏萌反摭仁智之英華兮激亂國之末流觀鄭僑於溱洧兮訪晏嬰於營丘摭拾也鄭僑鄭大夫公孫僑也溱洧鄭二水名鄭詩曰溱與洧瀏其清矣晏嬰齊大夫晏平仲也爾雅曰水出其左曰營丘齊有營丘周衰政亂子產晏嬰皆有賢行輔其君也事見左傳國語日曀曀其將暮兮獨於邑而煩惑夫何九州之博大兮迷不知路之

南北噎噎陰晦貌也詩曰噎噎其陰楚詞曰回朕車以復路反行迷之未遠駟素虯而馳騁兮乘翠雲而相佯就伯夷而折中兮得務光而愈明四馬曰駟虯龍之無角者也楚詞曰駟玉虯以乘翳兮爾雅曰馬高八尺爲龍司馬相如曰驂蒼螭兮六素虯相佯猶逍遥也伯夷孤竹君之子周武王時義士不食周粟隱於首陽山楊雄反騷曰將折中乎重華列仙傳曰務光者夏時人也殷湯伐桀因光而謀光曰非吾事也至殷武丁時武丁欲以爲相光不從遂投于梁山行退不仕與務光辭相佯事相得故曰愈明愈猶益也款子高於中野兮遇伯成而定慮欽眞人之美德兮淹躊躇而弗去莊子曰伯成子高唐虞時爲諸侯至禹爲天子乃去而耕禹往見之曰堯理天下吾子立爲諸侯堯授舜舜授予予去而耕其故何也子高曰昔堯理天下至公無私不賞而人勸不罰而人畏今子賞而不勸罰而不威德自此衰刑自此作夫子盍行無留吾事耕而不顧款誠也眞人卽謂子高躊躇猶躊躅也東觀記曰高字作喬謂仙人王子喬也義亦通意斟愖而不澹兮俟回風而容與求善卷之所存兮遇許由於負黍軔吾車於箕陽兮秣吾馬於潁滸聞至言而曉領兮還吾反乎故宇斟愖猶遲疑也澹定也俟待也容與猶從容也莊子曰舜以天下讓善卷善卷曰吾日出而作日入而息逍遥天地之閒吾何以天下爲哉遂入深山莫知所終許由字武仲堯時高士隱居箕山堯以天下讓由由不受惡聞其言遂洗耳于潁水負黍亭名在洛州陽城縣西南許由墓在其南秣謂食馬以粟字林曰滸水涯也愖音市林反或作堪字覽天地之幽奧兮統萬物之維綱究陰陽之變化兮昭五德之精光自此以下旣反故宇乃欲尋覽天地究極陰陽幽奧謂深邃也維綱猶宗指也五德五行之德也施之於物則爲金木水火土施之於人則爲仁義

禮智信也躍青龍於滄海兮豢白虎於金山鑿巖石而爲室兮託高陽以養仙神雀翔於鴻崖兮玄武潛於嬰冥伏朱樓而四望兮採三秀之華英天有二十八宿成龍虎龜鳳之形在地爲四靈東方爲青龍西方爲白虎南方爲朱雀北方爲龜蛇豢養也金山西方之精也神雀謂鳳也玄武謂龜蛇位在北方故曰玄身有鱗甲故曰武嬰冥猶晦昧所謂幽都也衍既反故宇欲鑿巖石爲室託高明之處以養神仙又假言龍虎之疇在於四面爲其威援也前書曰仙人好樓居故云伏朱樓而四望也楚詞曰採三秀於山間王逸曰謂芝草也東觀記及衍集秀字作奇英字作靈次下云食五芝之茂英此若是芝不宜重說但不知三奇是何草也范改奇爲秀恐失之矣纂前修之夸節兮曜往昔之光勳披綺季之麗服兮揚屈原之靈芬纂繼也前修猶前賢也夸大也楚詞曰謇吾法夫前修又曰紛獨有此夸節往昔光勳謂衍之先人有功勞於前代去疾子明之類也已今繼往賢之高節所以光曜也綺季四皓之一也前書曰四皓隨太子入侍鬚眉皓白衣官甚偉楚漢春秋曰四人冠偉冠佩銀環衣服甚鮮故言麗服也楚詞曰畦留夷與揭車雜杜衡與芬芷屈原皆喻身有令德故衍欲揚其靈芬也高吾冠之岌岌兮長吾佩之洋洋飲六醴之清液兮食五芝之茂英岌岌高貌洋洋美也楚詞曰高余冠之岌岌長吾佩之陸離王逸注云傷已懷德不用故高冠長佩尊其威儀整斯服飾以異於衆也六醴蓋六氣也楚詞曰餐六氣而飲沆瀣茅君內傳曰句曲山上有神芝五種一曰龍仙芝似交龍之相負服之爲太極仙卿第二名參成芝赤色有光其枝葉如金石之音折而續之卽復如故服之爲太極大夫第三名燕胎芝其色紫形如葵葉上有燕象光明洞徹服一株拜爲太清龍虎仙君第四名夜光芝其色青其實正白如李夜視其實如月光照洞一室服一株爲太清仙官第五名曰玉芝剖食拜三官正眞御史揵六枳而爲蘺兮築

蕙若而爲室播蘭芷於中庭兮列杜衡於外術自此以下說離宇庭除皆樹芬芳卉木喻已立身行道依仁履義猶屈原扈江蘺與薜芷紉秋蘭以爲佩之類也揵立也枳芬木也晏子曰江南爲橘江北爲枳枳之爲木芳而多刺可以爲籬此云六枳東觀記作八枳案周書呂刑篇曰嗚呼汝何敬非時何擇非德德枳維大人大人枳維公公枳維卿卿枳維大夫大夫枳維士登登皇皇維在國枳維都都枳維邑邑枳維家家枳維欲無疆言上下相維遞爲藩蔽也其數有八與東觀記同此爲六蕙香草也杜杜若也蘭卽澤蘭也芷白芷也一名苻離一名葯杜衡其狀若葵其臭如蘼蕪術路也攢射干雜蘼蕪兮搆木蘭與新荑光扈扈而煬燿兮紛郁郁而暢美華芳暈其發越兮時恍惚而莫貴非惜身之埳軻兮憐眾美之憔悴攢聚也射干烏翼也蘼蕪似蛇牀而香其根卽芎藭也木蘭樹也香味俱似桂而皮薄新荑亦樹也其花甚香扈扈光彩盛也暢通也郁郁香氣也暈盛也發越氣傍射也司馬相如曰煌煌扈扈照曜巨野又曰郁郁菲菲眾香發越恍惚猶輕忽也楚詞曰然埳軻而留滯王逸曰埳軻不遇也衍被廣斥沈淪猶草木之遞鬱芬芳遇風霜而零落也荑音協韻異美音協韻媚游精神於大宅兮抗玄妙之常操處清靜以養志兮實吾心之所樂大宅謂大地抗抗舉也老子曰玄之又玄眾妙之門樂音五孝反山峨峨而造大兮林冥冥而暢茂鸞回翔索其羣兮鹿哀鳴而求其友此言所居之處山林飛走之狀也索水也詩曰求其友聲也誦古今以散思兮覽聖賢以自鎮嘉孔丘之知命兮大老聃之貴玄德與道其孰寶兮名與身其孰親陂山谷

而閒處兮守寂寞而存神鎮重也古之聖賢多固窮以守道故覽之以自鎮也孔子曰五十而知天命又曰不知命無以爲君子玄者幽寂之謂也老子曰萬物莫不尊道而貴德又曰道者萬物之奧也善人之所寶又曰名與身孰親陂謂傍其邊側也陂音丘義反史記曰陂山通道是也道以寂寞爲主神不外營故常存也鎮協韻竹人反閒音閑夫莊周之釣魚兮辭卿相之顯位於陵子之灌園兮似至人之髣髴蓋隱約而得道兮羌窮悟而入術離塵垢之窈冥兮配喬松之妙節莊子曰莊子釣於濮水楚王使大夫二人往見焉曰願以境內累也莊子持竿不顧曰吾聞楚有神龜死已三千歲矣王以巾笥而藏之廟堂之上爲此龜者寧死畱骨而貴乎寧其生而曳尾塗中乎使者曰寧生曳尾塗中莊子曰往矣吾將曳尾於塗中列女傳曰於陵子終賢楚王欲以爲相使使者往迎之子終出謝使者遂與妻俱逃而爲人灌園孟子曰客居於陵故曰於陵子也至人守眞養志言髣髴似之也二子雖病一時而聲流萬古蓋隱居困約而反得道之糅窮棲悟理入賢人之術離塵垢之窈冥也超然高邁配松喬之妙節也惟吾志之所庶兮固與俗其不同旣俶儻而高引兮願觀其從容庶幾守道與俗不同俶儻猶卓異也凡言觀者非在已之言從容猶在後也衍雖擯斥當年身窮志沮而令聞期于不朽聲芳縣諸日月故曰願觀其從容

顯宗即位又多短衍以文過其實遂廢於家衍娶北地女任氏爲妻悍忌不得畜媵妾悍急也兒女常自操井臼老竟逐之遂埳壈於時衍集載衍與婦弟任武達書曰天地之性人有喜怒夫婦之道義有離合先聖之禮士有妻妾雖宗之眇微尚欲逾制年衰歲暮恨入黃泉遭遇嫉妒家道崩壞五子之母足尚在門五年已來日甚歲劇以白爲黑以非爲是造作端

未妄生首尾無罪無辜讒口嗷嗷亂匪降天生自婦人青蠅之心不重破國嫉妒之情不憚喪身牝雞之晨維家之索古之大患今始於衍醉飽過差輒為桀紂房中調戲布散海外張目抵掌以有為無痛徹蒼天毒流五臟愁令人不賴生忿令人不顧禍入門著牀繼嗣不育紡績織紝了無女工家貧無僮賤為匹夫故舊見之莫不悽愴曾無憫惜之恩惟一婢武達所見頭無釵澤面無脂粉形骸不蔽手足抱土不原其窮不揆其情跳梁大叫呼若入冥販糖之妾不忍其態計婦當去久矣念兒曹小家無宅使哀憐姜豹常為奴婢惻惻焦心事事腐腸訩訩籍籍不可聽聞暴虐此婢不死如髮半年之間膿血橫流婢病之後姜竟舂炊豹又觸冒泥塗心為愴然縑縠放散冬衣不補端坐化亂一縷不貫既無婦道又無母儀忿見侵犯恨見狠藉依倚鄭令如居天上持質相劫詞語百車劒戟在門何暇有讓百弩環舍何可彊復舉宗達人解說詞如循環口如布縠縣幡竟天擊鼓動地心不為惡身不為搖宜詳居錯且自為計無以上書告訴相恐狗吠不驚自信其情不去此婦則家不寧不去此婦則家不清不去此婦則福不生不去此婦則事不成自恨以華盛時不早自定至于垂白家貧身賤之日養癰長疽自生禍殃衍以室家紛然之故捐棄衣冠側身山野絕交游之路杜仕宦之門闔門不出心專耕耘以求衣食何敢有功名之路哉

然有大志不戚戚於賤貧居常慷慨歎曰衍少事名賢經歷顯位懷金垂紫揭節奉使金謂印也紫謂綬也揭持也音求謁反不求苟得常有凌雲之志三公之貴千金之富不得其願不槩於懷槩猶屑也金或作乘貧而不哀賤而不恨年雖疲曳猶庶幾名賢之風曳猶頓也修道德於幽冥之路以終身名為後世法居貧年老卒于家所著賦誄銘說問交德誥慎情衍集有問交一篇慎情一篇書記說自序官錄說策五十篇衍集

見有二十八篇肅宗甚重其文子豹

豹字仲文年十二母爲父所出後母惡之嘗因豹夜寐欲行毒害豹逃走得免敬事愈謹而母疾之益深時人稱其孝衍與宣孟書曰居室之義人之大倫思厚歡和之節樂定金石之固又自傷前遭不良比有去兩婦之名事誠不得不然豈中心之所好哉觀其書意似此妻又見出也長好儒學目詩春秋教麗山下麗音力之反鄉里爲之語曰道德彬彬馮仲文論語曰文質彬彬然後君子鄭玄注彬彬雜半貌也舉孝廉拜尚書郎忠勤不懈每奏事未報常俯伏省閤或從昏至明肅宗聞而嘉之使黃門持被覆豹敕令勿驚由是數加賞賜是時方平西域目豹有才謀拜爲河西副校尉和帝初數言邊事奏置戊己校尉城郭諸國復率舊職遷武威太守視事二年河西稱之復徵入爲尚書永元十四年卒於官

論曰夫貴者負埶而驕人才士負能而遺行其大略然也二子不其然乎史記曰魏太子擊逢文侯之師田子方引車下道子方不爲禮太子擊曰富貴者驕人乎貧賤者驕人乎子方曰貧賤者驕人耳夫諸侯驕人則失其國大夫驕人則失其家

貧賤者行不合言不用則去之楚越若脫躧然柰何同之哉士負能而遺行也負恃也馮衍之引挑妻之譬得矣夫納妻皆知取詈己者而取士則不能何也豈非反妒情易而恕義情難光武雖得之於鮑永猶失之於馮衍自此以上皆華嶠之詞夫然後義直所㠯見屈於既往守節故㠯彌阻於來情嗚呼衍爲更始舉哀既降執義守直既行之於巳光武屈而不用故言義直所以見屈于既往也則守節之人見衍被黜彌阻難於將來

贊曰譚非讖術衍晚委質道不相謀詭時同失詭違也言二人之道不用同俱以違時咸被擯斥也體兼上才榮微下秩

馮衍列傳第十八下

金陵書局仿汲古閣本刊

後漢書二十八

申屠剛鮑永郅惲列傳第十九　　後漢書二十九

唐章懷太子賢注

申屠剛字巨卿扶風茂陵人也七世祖嘉文帝時爲丞相剛質性方直常慕史鰌汲黯之爲人史記曰史鰌字子魚衞大夫也論語孔子曰直哉史魚邦有道如矢邦無道如矢前書汲黯字長孺武帝時爲主爵都尉好直諫時人謂之汲直仕郡功曹平帝時王莽專政朝多猜忌遂隔絕帝外家馮衞二族不得交官剛常疾之馮謂馮昭儀平帝祖母也衞謂衞姬平帝母也號中山太后王莽專政馮衞二族皆不得至京師交通仕宦見前書及舉賢良方正因對策曰臣聞王事失則神祇怨怒姦邪亂正故陰陽謬錯此天所以譴告王者欲令失道之君曠然覺悟懷邪之臣懼然自刻者也懼驚也音紀住反刻猶責也今朝廷不考功校德而虛納毀譽數下詔書張設重法抑斷誹謗禁割論議罪之重者乃至腰斬傷忠臣之情挫直士之銳殆乖建進善之旌縣敢諫之鼓旌幡也淮南子曰禹縣鍾鼓磬鐸置鞀以待四方之士爲幡曰教導寡人以道者擊鼓喻以義者擊鍾告以事者振鐸語以憂者擊磬有獄訟者搖鞀帝王紀曰堯置敢諫之鼓闢四門之

路明四目之義也孔安國注尚書曰開闢四方之門未開者謂廣致眾賢也明四目謂廣視於四方使下無壅塞也臣聞成王幼少周公攝政聽言下賢均權布寵無舊無新唯仁是親尚書大傳曰武王入殷周公曰各安其宅各田其田無故無新唯仁之親動順天地舉措不失然近則召公不悅遠則四國流言尚書曰周公為師相成王為左右召公不悅言周公既還政成王宜其自退今復為相故不悅也四國謂管蔡商奄也成王幼小周公攝政四國流言曰公將不利於孺子夫子毋之性天道至親今聖主幼小始免繈緥免離也平帝即位時年九歲故云始免繈緥前書音義曰繈落也緥被也緥或作褓也即位以來至親分離外戚杜隔恩不得通且漢家之制雖任英賢猶援姻戚親疏相錯杜塞閒隙誠所以安宗廟重社稷也今馮衞無罪久廢不錄或處窮僻不若民庶誠非慈愛忠孝承上之意夫為人後者自有正義至尊至卑其埶不嫌是以人無賢愚莫不怨姦臣賊子以之為便不諱之變誠難其慮今之保傅非古之周公周公至聖猶尚有累何況事失其衷不合天心者哉昔周公先遣伯禽守封於魯以義割恩寵不加後伯禽周公旦之子也周公相成王先封伯禽於魯令就國守封

後謂伯禽也周公身既尊寵不令伯禽復加榮貴使自抑損也東觀記曰昔周公豫防禍首先遣伯禽守封於魯離斷至親以義割恩使已尊寵不加其後故配天郊祀三十餘世自伯禽至頃公爲楚考烈王所滅凡三十四公魯以周公大聖之後故郊祀配天一如天子之禮霍光秉政輔翼少主修善進士名爲忠直而尊其宗黨摧抑外戚昭帝時霍光輔政其子禹及兄孫雲山等皆中郎將奉車都尉昆弟諸壻皆奉朝請給事中唯昭帝外家趙氏無一在位者結貴據權至堅至固終沒之後受禍滅門霍光薨後其子禹宣帝時爲大司馬謀反發覺禹腰斬母顯及諸女昆弟皆棄市方今師傅皆以伊周之位據賢保之任以此思化則功何不至不思其危則禍何不到損益之際孔父攸歎說苑曰孔子讀易至損益則喟然而歎子夏問曰夫子何爲歎孔子曰夫自損者益自益者缺吾是以歎之矣持滿之戒老氏所愼老子曰持而盈之不如其已已止也言執滿必傾不如止也蓋功冠天下者不安威震人主者不全今承衰亂之後繼重敝之世公家屈竭賦斂重數苛吏奪其時貪夫侵其財百姓困乏疾疫天命盜賊羣輩且以萬數軍行衆止竊號自立與軍而行擁衆而止無異憚於危亡也攻犯京師燔燒縣邑謂平帝元始三年陽陵人任橫等自稱將軍盜武庫兵攻宮寺出囚徒也至迺訛言積弩入宮宿衛驚懼自漢興以來誠未有也國家微弱姦謀不

禁六極之效危於累卵尚書大傳曰貌之不恭厥極惡言之不從厥極憂視之不明厥極疾聽之不聰厥極貧心之不睿厥極凶短折皇極不建厥極弱也王者承天順地典爵主刑不敢以天官私其宗不敢以天罰輕其親陛下宜遂聖明之德昭然覺悟遠述帝王之迹近遵孝文之業文帝即位使將軍薄昭迎薄太后於代剛欲使平地迎中山太后至京師者也差五品之屬納至親之序五品五常之教也尚書舜命契曰汝作司徒敬敷五教左傳史克曰舜舉八元使布五教於四方父義母慈兄友弟恭子孝亟遣使者徵中山太后置之別宮令時朝見又召馮衛二族裁與冗職冗散也使得執戟親奉宿衛以防未然之符以抑患禍之端上安社稷下全保傅內和親戚外絕邪謀書奏莽令元后下詔曰剛所言僻經妄說元后元帝后王莽之姑也違背大義其罷歸田里後莽篡位剛遂避地河西轉入巴蜀往來二十許年及隗囂據隴右欲背漢而附公孫述剛說之曰愚聞人所歸者天所與人所畔者天所去也伏念本朝謂光武也躬聖德舉義兵龔行天罰所當必摧誠天之所福非人力也將軍本無尺土孤立一隅宜推誠

奉順與朝廷并力上應天心下酬人望為國立功可以永年今文尚書曰立功立事可以永年也嫌疑之事聖人所絕以將軍之威重遠在千里動作舉措可不慎與今璽書數到委國歸信欲與將軍共同吉凶布衣相與尚有沒身不負然諾之信況於萬乘者哉烈士傳曰羊角哀左伯桃二人為死友欲仕於楚道阻遇雨雪不得行飢寒自度不俱生伯桃謂角哀曰俱死之後骸骨莫收內手捫心知不如子生恐無益而棄子之能我樂在樹中角哀聽之伯桃入樹中而死楚平王愛角哀之賢以上卿禮葬伯桃角哀夢伯桃曰蒙子之恩而獲厚葬正苦荊將軍冢相近今月十五日當大戰以決勝負角哀至期日陳兵馬詣其家作三桐人自殺下而從之此歿身不負然諾之信也今何畏何利久疑如是卒有非常之變上負忠孝下愧當世言從漢何畏附蜀何利而久疑不決夫未至豫言固常為虛及其已至又無所及是以忠言至諫希得為用誠願反覆愚老之言囂不納遂畔從述建武七年詔書徵剛剛將歸與囂書曰愚聞專己者孤拒諫者塞孤塞之政亡國之風也雖有明聖之姿猶屈己從眾故慮無遺策舉無過事夫聖人不以獨見為明而以萬物為心順人者以逆人者亡此古今之所共也將

軍以布衣爲鄉里所推廊廟之計既不豫定（廊殿下屋也廟太廟也國事必先謀於廊廟之所也）動軍發衆又不深料今東方政教日睦百姓平安而西州發兵人人懷憂騷動惶懼莫敢正言羣衆疑惑人懷顧望非徒無精鋭之心其患無所不至夫物窮則變生事急則計易其埶然也夫離道德逆人情而能有國有家者古今未有也將軍素以忠孝顯聞是以士大夫不遠千里慕樂德義今苟欲決意徼幸此何如哉夫天所祐者順人所助者信（易繫辭之言也）如未蒙祐助令小人受塗地之禍毀壞終身之德敗亂君臣之節汚傷父子之恩（不從光武是亂君臣之節也遣子徇入質而背之是傷父子之恩也）衆賢破膽可不慎哉囂不納剛到拜侍御史遷尚書令光武嘗欲出游剛以隴蜀未平不宜宴安逸豫諫不見聽遂以頭軔乘輿輪帝遂爲止（軔謂以頭止車輪也王逸注楚詞曰軔止輪木也）時內外羣官多帝自選舉加以法理嚴察職事過苦尚書近臣至迺捶撲牽曳於前羣臣莫敢正言剛

每輒極諫又數言皇太子宜時就東宮簡任賢保以成其德帝並不納以數切諫失旨數年出爲平陰令復徵拜太中大夫以病去官卒於家

鮑永字君長上黨屯留人也屯留今潞州縣也父宣哀帝時任司隸校尉爲王莽所殺莽輔政誅不附己者故殺宣永少有志操習歐陽尚書歐陽生字和伯千乘人受尚書於伏生見前書事後母至孝妻嘗於母前叱狗而永即去之去音上呂反初爲郡功曹莽以宣不附己欲滅其子孫都尉路平承望風旨規欲害永太守苟諫擁護召以爲吏常置府中永因數爲諫陳興復漢室翦滅篡逆之策諫每戒永曰君長幾事不密禍倚人門永感其言及諫卒自送喪歸扶風路平遂收永弟升太守趙興到聞乃歎曰我受漢茅土王者封五色土爲社封諸侯則各割其方面土與之燾以黃土苴以白茅使歸立社也不能立節而鮑宣死之豈可害其子也勅縣出升復署永功曹時有矯稱侍中止傳舍者興欲謁之永

疑其詐諫不聽而出興遂駕往永迺拔佩刀截馬當匈迺止當匈曰韋爲之也後數日莽詔書果下捕矯稱者永由是知名舉秀才不應更始二年徵再遷尚書僕射行大將軍事持節將兵安集河東幷州朔部得自置偏裨輒行軍法永至河東因擊青犢大破之更始封爲中陽侯中陽縣屬西河郡今汾州孝義縣也永雖爲將率而車服儉素爲道路所識東觀記曰永好文德雖行將軍常衣皁襜褕路稱鮑尚書兵馬俗本或有爲上加不者誤也時赤眉害更始三輔道絶光武卽位遣諫議大夫儲大伯風俗通曰儲姓齊大夫儲子之後也持節徵永詣行在所永疑不從迺收繫大伯東觀記曰封大伯所持節於晉陽傳舍壁中遣信人馳至長安也遣使馳至長安旣知更始已亡迺發喪出大伯等封上將軍列侯印綬悉罷兵但幅巾與諸將及同心客百餘人詣河內幅巾謂不著冠但幅巾束首也帝見永問曰卿衆所在永離席叩頭曰臣事更始不能令全誠慙以其衆幸富貴故悉罷之幸希也帝曰卿言大而意不悅時攻懷未拔帝謂永曰我攻懷三日而兵不

下闕東畏服卿可且將故人自往城下譬之即拜永諫議大夫至懷迺說更始河內太守於是開城而降帝大喜東觀記曰永說下懷上大喜與永對食賜永洛陽商里宅東觀記曰賜洛陽上商里宅陸機洛陽記曰上商里在洛陽東北本殷頑人所居故曰工商里宅也固辭不受時董憲裨將屯兵於魯侵害百姓迺拜永爲魯郡太守永到擊討大破之降者數千人唯別帥彭豐虞休皮常等各千餘人稱將軍不肯下頃之孔子闕里無故荆棘自除闕里解見明帝紀從講堂至於里門永異之謂府丞及魯令曰方今危急而闕里自開斯豈夫子欲令太守行禮助吾誅無道邪迺會人衆修鄉射之禮請豐等共會觀視欲因此禽之豐等亦欲圖永迺持牛酒勞饗而潛挾兵器永覺之手格殺豐等禽破黨與帝嘉其略封爲關內侯遷揚州牧時南土尚多寇暴永以吏人痍傷之後迺緩其銜轡銜轡喻法律以控御人也說苑曰理國譬若張琴大絃急則小絃絕矣故急於其銜轡者非千里之馭也示誅彊橫而鎮撫其餘百姓安之會遭母憂去官悉

吕則產與孤弟子建武十一年徵爲司隷校尉帝叔父趙王良尊戚貴重永吕事劾良大不敬東觀記曰時良從送中郎將來歙喪還大夏城門中與五官將軍相逢道迫良怒召門候岑尊叩頭馬前永劾奏良曰今月二十七日車駕臨故中郎將來歙喪還車駕過須臾趙王良從後到與右中郎將張邯相逢城門中道迫狹叱邯旋車又召候岑尊詰責使前走數十步按良諸侯藩臣蒙恩入侍知尊帝城門候吏六百石而肆意加怒令叩頭都道奔走馬頭前無藩臣之禮大不敬也由是朝廷肅然莫不戒愼迺辟扶風鮑恢爲都官從事恢亦抗直不避彊禦帝常曰貴戚且宜斂手吕避二鮑其見憚如此永行縣到霸陵路經更始墓引車入陌墓在今萬年縣東北南北爲阡東西爲陌從事諫止之永曰親北面事人寍有過墓不拜雖吕獲罪司隷所不避也遂下拜哭盡哀而去西至扶風椎牛上苟諫冢帝聞之意不平問公卿曰奉使如此何如太中大夫張湛對曰仁者行之宗忠者義之主也仁不遺舊忠不忘君行之高者也帝意迺釋後大司徒韓歆坐事建武十五年歆坐直言免也永固請之不得吕此忤帝意出爲東海相坐度田事不實被徵諸郡守多下獄永至城皐詔書迎

拜爲兖州牧便道之官東觀記詔書迎下永曰君晨夜冒犯霜露精神亦已勞矣以君帷幄近臣其以永爲兖州牧也視事三年病卒子昱

論曰鮑永守義於故主斯可以事新主矣恥以其衆受寵斯可以受大寵矣若迺言之者雖誠而聞之未譬譬猶曉也豈苟進之悅易以情納持正之忤難以理求乎言諂曲則易入剛直則難進也誠能釋利以循道居方以從義方直也君子之槩也

昱字文泉少傳父學客授於東平建武初太行山中有劇賊太守戴涉聞昱鮑永子有智略迺就謁請署守高都長高都縣屬上黨郡故城在今澤州也昱應之遂討擊羣賊誅其渠帥道路開通由是知名後爲沘陽長政化仁愛境內清淨東觀記曰沘陽人趙堅殺人繫獄其父母詣昱自言年七十餘唯有一子適新娶今繫獄當死長無種類涕泣求哀昱憐其言令將妻入獄解械上宿遂任身有子荆州刺史表上之再遷中元元年拜司隸校尉詔昱詣尚書使封胡降檄檄軍書也若今之露布也光武遣小黄門問昱有所怪不對曰臣聞

故事通官文書不著姓又當司徒露布漢官儀曰羣臣上書公卿校尉諸將不言姓凡制書皆璽封尚書令重封唯赦贖令司徒印露布州郡也怪使司隸下書而著姓也帝報曰吾固欲令天下知忠臣之子復爲司隸也昱在職奉法守正有父風永平五年坐救火遲免後拜汝南太守郡多陂池歲歲決壞年費常三千餘萬昱迺上作方梁石洫洫渠也㠯石爲之猶今之水門也水常饒足溉田倍多人㠯殷富十七年代王敏爲司徒賜錢帛什器帷帳除子得爲郎建初元年大旱穀貴肅宗召昱問曰旱既太甚將何㠯消復災眚對曰臣聞聖人理國三年有成論語孔子曰如有用我者朞月而已可也三年乃有成功今陛下始踐天位刑政未著如失得何能致異但臣前在汝南典理楚事永平十三年楚王英謀反連坐者在汝南昱時主劾之也繫者千餘人恐未能盡當其罪先帝詔言大獄一起冤者過半又諸徙者骨肉離分孤魂不祀一人呼嗟王政爲虧宜一切還諸徙家屬蠲除禁錮興滅繼絕死生獲所如此和氣可致帝納其言東觀記曰時司

〔徒例訟久者至數十年比例輕重非其事類錯雜難知昱奏定辭訟七卷決事都目八卷已齊同法令息遏人訟也〕四年代牟融爲太尉六年薨年七十餘子德修志節有名稱累官爲南陽太守時歲多荒災唯南陽豐穰吏人愛悅號爲神父時郡學久廢德迺修起橫舍〔橫學也字又作黌〕備俎豆黻冕行禮奏樂又尊饗國老宴會諸儒百姓觀者莫不勸服在職九年徵拜大司農卒於官子昂字叔雅有孝義節行初德被病數年昂俯伏左右衣不緩帶及處喪毀瘠三年抱負迺行服闋遂潛於墓次不關時務舉孝廉辟公府連徵不至卒於家

郅惲字君章汝南西平人也〔潛夫論曰周先姞氏封於燕河東有郅都汝南有郅君章音與古姞同而其字異然前書音義郅音之日反〕年十二失母居喪過禮及長理韓詩嚴氏春秋〔韓韓嬰也作詩內外傳嚴嚴彭祖也受公羊於眭孟專門教授見儒林傳〕明天文歷數王莽時寇賊羣發惲迺仰占玄象歎謂友人曰方今鎮歲熒惑並在漢分翼軫之域〔爾雅曰中央鎮星東方歲星南方熒惑翼軫者南方鶉尾之宿楚之分野演孔圖曰卯金刀名爲劉中國東南出荊州故爲漢分也〕去而復來漢必再受命福歸有德如有順天發

後漢二十九　七

策者必成大功時左隊大夫逯並素好士王莽以潁川爲左隊郡守爲大夫逯姓並名風俗通曰逯秦邑也其大夫氏焉逯音錄惲說之曰當今上天垂象智者以昌愚者以亡昔伊尹自鬻輔商立功全人鬻自衒賣也史記曰伊尹欲干湯而無因乃爲有莘氏媵臣負鼎俎以滋味說湯乃任以國政也惲竊不遜敢希伊尹之蹤應天人之變明府儻不疑逆俾成天德並奇之使署爲吏惲不謁曰昔文王拔呂尚於渭濱高宗禮傅說於巖築桓公取管仲於射鉤故能立弘烈就元勳未聞師相仲父而可爲吏位也師呂望也相傅說也仲父管仲也非闚天者不可與圖遠君不授驥以重任驥亦俛首裹足而去耳惲以驥自喻因自稱驥史記曰吳兵入郢申包胥走秦求救晝夜馳騖足腫蹠盩裂裳裹足鶴立秦庭盩音戾遂不受署西至長安迺上書王莽曰臣聞天地重其人惜其物故運機衡垂日月機衡北斗也含元包一甄陶品類前書志曰太極元氣合三爲一謂三才未分包而爲一甄也者陶人旋轉之輪也言天地造化品物如陶匠之成眾品者也顯表紀世圖錄豫設表明也紀年也言天豫設圖錄之書顯明帝王之年代也漢歷久長孔爲赤制言孔丘作緯著歷運之期爲漢家之制漢火德尚赤故云爲赤制即春秋感精符云墨孔生爲赤制是也不使愚惑殘人亂時智者

順吕成德愚者逆吕取害神器有命不可虛獲上天垂戒欲悟陛下令就臣位轉禍爲福上天垂戒謂鎮歲熒惑並在漢分也劉氏享天永命陛下順節盛衰享受也永長也漢家受天長命運祚未絕勸莽當順其時之盛衰衰則取之盛則還也取之吕天還之吕天可謂知命矣若不早圖是不免於竊位也竊盜也孔子曰臧文仲其竊位者歟且堯舜不吕天顯自與故禪天下堯舜盛德大之所顯猶不自與吕位禪人言堯之禪舜舜禪於禹也陛下何貪非天顯吕自累也天爲陛下嚴父臣爲陛下孝子父教不可廢子諫不可拒惟陛下留神莽大怒卽收繫詔獄劾吕大逆猶吕惲據經讖難卽害之使黃門近臣脅惲令自告狂病恍惚不覺所言惲逎瞋目詈曰所陳皆天文聖意非狂人所能造遂繫須冬會赦得出逎與同郡鄭敬南遁蒼梧遁隱也蒼梧山名也山海經曰南方蒼梧之丘蒼梧之川其中有九疑山焉舜之所葬也在今永州唐興縣東南建武三年又至廬江因遇積弩將軍傅俊東徇揚州俊素聞惲名逎禮請之上爲將兵長史授吕軍政惲逎誓衆曰無掩人不備窮人於厄不得斷

人支體祼人形骸放淫婦女俊軍士猶發冢陳尸掠奪百姓惲諫俊曰昔文王不忍露白骨（解見順帝紀）武王不㠯天下易一人之命（呂氏春秋曰武王伐紂至鮪水紂使膠鬲候周問武王曰何日至武王曰將㠯甲子日至膠鬲行天大雨日夜不休武王疾行不輟軍吏諫之武王曰吾疾行㠯救膠鬲之死也）故能獲天地之應剋商如林之旅（天地之應謂夜雨止畢陳白魚入舟之類剋勝也商殷號也旅衆也如林言衆多尚書曰武王伐紂率其旅若林會于牧野）將軍如何不師法文王而犯逆天地之禁多傷人害物虐及枯尸取罪神明今不謝天改政無㠯全命願將軍親率士卒收傷葬死哭所殘暴㠯明非將軍本意也從之百姓悅服所向皆下七年俊還京師而上論之（上音時掌反）惲恥㠯軍功取位遂辭歸鄉里縣令卑身崇禮請㠯爲門下掾惲友人董子張者父先爲鄉人所害（東觀記曰子張父及叔父爲鄉里盛氏一時所害也）及子張病將終惲往候之子張垂殁視惲歔欷不能言惲曰吾知子不悲天命而痛讎不復也子在吾憂而不手子亡吾手而不憂也（言子在吾憂子仇未能報而不須手自揮鋒子若亡吾直爲子手刃仇人更不須心懷憂也）子張但目擊而已（目擊謂熟視之）

（也莊子曰目擊而道存也）惲卽起將客遮仇人取其頭目示子張子張見而氣絕惲因而詣縣目狀自首令應之遲（縣令不欲其自首詣獄故應對之緩也）惲曰爲友報讎吏之私也奉法不阿君之義也虧君目生非臣節也趨出就獄令跣而追惲不及遂自至獄令拔刀自向目要惲曰子不從我出敢目死明心（惲若不出欲自刺目明心也）惲得此酒出因病去久之太守歐陽歙請爲功曹汝南舊俗十月亯會百里內縣皆齎牛酒到府讌飲時臨亯禮訖歙敎曰西部督郵繇延（繇姓咎繇之後繇音遙）天資忠貞稟性公方摧破姦凶不嚴而理今與衆儒共論延功顯之於朝太守敬嘉厥休牛酒養德主簿讀書敎戸曹引延受賜惲於下坐愀然前曰司正舉觥（愀變色貌司正主禮儀者觥罰爵也目角爲之詩小雅曰兕觥其觩旨酒思柔觩音古橫反）目君之罪告謝於天按延資性貪邪外方內員（言延外示方直而內實柔弱也孔子曰色厲而內荏）朋黨搆姦罔上害人所在荒亂怨懟並作明府目惡爲善股肱目直從曲此旣無君又復無臣惲敢再

拜奉觥歛色慙動不知所言門下掾鄭敬進曰君明臣直功曹言切明府德也可無受觥哉歛意少解曰實歛罪也敬奉觥（遂受罰也）惲迺免冠謝曰昔虞舜輔堯四罪咸服（左傳曰舜臣堯乃流四凶族尚書曰舜流共工于幽州放驩兜于崇山竄三苗于三危殛鯀于羽山四罪而天下咸服也）讒言弗庸孔任不行（庸用也孔甚也任佞也）故能作股肱帝用有歌（尚書曰股肱喜哉元首起哉）惲不忠孔任是昭（昭顯也惲自責不忠故使甚佞之人昭顯也）豺虎從政（豺虎禽獸㠯比繇延也）既陷誹謗又露所言（露顯也又對衆顯言夫繇延之罪也）罪莫重焉請收惲延㠯明好惡歛曰是重吾過也（重再也）遂不讌而罷惲歸府稱病延亦自退鄭敬素與惲厚見其言忤歛迺相招去曰子廷爭繇延君猶不納延今雖去其埶必還（言歛後必召延也）直心無諱誠三代之道（三代夏殷周也論語曰三代之所㠯直道而行也）然道不同者不相爲謀吾不能忍見子有不容君之危盍去之乎惲曰孟軻㠯彊其君之所不能爲忠量其君之所不能爲賊（孟子對齊宣王曰力足㠯舉百鈞而不足㠯舉一羽明足㠯察秋毫之末而不見輿薪則王許之乎曰否孟子曰今恩足㠯及禽獸而功不至於百姓者獨何與然則一羽之不舉爲不用力焉輿薪之不見爲不用明焉百姓之

不見保爲不用恩焉故王之不王不爲也非不能也曰不爲者與不能者之形何以異曰挾太山以超北海語人曰我不能是誠不能也爲長者折枝語人曰我不能是不爲也非不能也此彊其君之所不能爲也又曰惻隱之心仁之端也羞惡之心義之端也辭讓之心禮之端也是非之心智之端也人之有是四端也猶其有四體也有是四端自謂不能者自賊者也謂其君不能者賊其君者也惲業已彊之矣障君於朝障蔽也君謂歙也言歙將以牛酒賞繇延而惲障蔽不聽之旣有其直而不死職罪也延退而惲又去不可敬迺獨隱於弋陽山中弋陽縣屬汝南郡前書云弋陽山在縣西北也居數月歙果復召延惲於是迺去從敬止漁釣自娛留數十日惲志在從政旣迺喟然而歎謂敬曰天生俊士以爲人也鳥獸不可與同羣論語孔子之言子從我爲伊呂乎將爲巢許乎而父老堯舜也若爲巢父許由則以堯舜爲父老之人也敬曰吾足矣初從生步重華於南野步猶尋也重華舜字也南野謂蒼梧也謂來歸於松子赤松子也敬以歸鄉隱逸自謂同之劉向列仙傳曰赤松子神農時雨師至崑崙山常止西王母石室隨風上下炎帝少女追之得仙俱去也今幸得全軀樹類樹類謂有胤嗣還奉墳墓盡問學道敬汝南人今隱弋陽不離墳墓雖不從政施之有政是亦爲政也論語孔子之言也言隱遁好道在家孝弟亦從政之義也吾年耄矣安得從子子勉正性命勿勞神以害生惲於是告別而去敬字次都清志高世光

武連徵不到謝沈書云敬閑居不修人倫新遷都尉逼爲功曹廳事前樹時有清汁以爲甘露敬曰明府政未能致甘露此青木汁耳辭病去隱處精學蛾陂中陰就虞延並辟不行同郡鄧敬因折芰爲坐以荷薦肉瓠瓢盈酒言談彌日蓬廬蓽門琴書自娛光武公車徵不行按王莽改新蔡縣爲新遷也惲遂客居江夏教授郡舉孝廉爲上東城門候洛陽城東面北頭門也帝常出獵車駕夜還惲拒關不開帝令從者見面於門閒惲曰火明遼遠遂不受詔帝迺迴從東中門入東面中門也明日惲上書諫曰昔文王不敢槃于游田以萬人爲憂槃樂也尚書無逸曰文王不敢槃于游田以萬人惟政之共也而陛下遠獵山林夜以繼晝其如社稷宗廟何暴虎馮河未至之戒誠小臣所竊憂也書奏賜布百匹貶東中門候爲參封尉參封縣屬琅邪郡後令惲授皇太子韓詩侍講殿中及郭皇后廢建武十七年廢惲迺言於帝曰臣聞夫婦之好父不能得之於子得猶制御也司馬遷曰妃匹之愛君子能得之臣父不能得之子況卑下乎況臣能得之於君乎是臣所不敢言雖然願陛下念其可否之計無令天下有議社稷而已帝曰惲善恕己量主知我必不有所左右而輕天下也左右猶向背也言其齊等后既廢而太子

意不自安惲迺說太子曰久處疑位上違孝道下近危殆昔高宗明君吉甫賢臣及有纖介放逐孝子（家語曰曾參妻爲黎蒸不熟因出之終身不娶其子請焉曾參曰高宗以後妻殺孝子尹吉甫以後妻放伯奇吾上不及高宗中不比吉甫知其得免於非乎遂不娶）春秋之義母以子貴太子宜因左右及諸皇子引愆退身奉養母氏以明聖教不背所生太子從之帝竟聽許惲再遷長沙太守先是長沙有孝子古初遭父喪未葬鄰人失火初匍匐柩上以身扞火火爲之滅惲甄異之以爲首舉後坐事左轉芒長（芒縣屬沛國故城在今亳州永城縣北一名臨睢城東觀記曰坐前長沙太守張禁多受遺送千萬以惲不推劾故左遷也）又免歸避地教授（避地謂隱遁也東觀記曰芒守丞韓襲受大盜丁仲錢阿擁之加笞八百不死入見惲稱仲建惲怒以所杖鐵杖捶襲襲出怨懟遂殺仲惲故坐免）著書八篇以病卒子壽

壽字伯孝善文章以廉能稱舉孝廉稍遷冀州刺史時冀部屬郡多封諸王賓客放縱類不檢節（類猶皆也）壽案察之無所容貸迺使部從事專住王國又從督郵舍王宮外（近王宮置督郵舍以察王得失）動靜失得即時騎驛

言上奏王罪及劾傅相於是藩國畏懼並爲遵節視事三年冀土肅清三遷尚書令朝廷每有疑議常獨進見肅宗奇其智策擢爲京兆尹郡多強豪姦暴不禁三輔素聞壽在冀州皆懷震竦各相檢敕莫敢干犯壽雖威嚴而推誠下吏皆願効死莫有欺者以公事免復徵爲尚書僕射是時大將軍竇憲以外戚之寵威傾天下憲嘗使門生齎書詣壽有所請託壽即送詔獄前後上書陳憲驕恣引王莽以誡國家是時憲征匈奴海內供其役費而憲及其弟篤景並起第宅驕奢非法百姓苦之壽以府藏空虛軍旅未休遂因朝會譏刺憲等厲音正色辭旨甚切憲怒陷壽以買公田誹謗下吏當誅侍御史何敞上疏理之曰臣聞聖王闢四門開四聰延直言之路下不諱之詔立敢諫之旗聽歌謠於路歌謠謂詩也禹置敢諫之幡解已見上禮記王制曰命太師陳詩觀民風鄭玄注云陳詩謂采其詩而示之爭臣七八以自鑒照孔子曰天子有爭臣七八考知政理違失

人心輒改更之故天人並應傳福無窮臣伏見尚書僕射郅壽坐於臺上與諸尚書論擊匈奴言議過差及上書請買公田遂繫獄考劾大不敬臣愚以爲壽機密近臣匡救爲職若懷默不言其罪當誅今壽違衆正議以安宗廟豈其私邪又臺閣平事分爭可否雖唐虞之隆三代之盛猶謂諤諤以昌不以誹謗爲罪史記趙良謂商君曰千人之諾諾不如一士之諤諤武王諤諤以昌殷紂嘿嘿以亡請買公田人情細過可裁隱忍壽若被誅臣恐天下以爲國家橫罪忠直賊傷和氣忤逆陰陽臣所以敢犯嚴威不避夷滅觸死瞽言非爲壽也論語曰侍於君子有三愆未見顏色而言謂之瞽也忠臣盡節以死爲歸臣雖不知壽度其甘心安之誠不欲聖朝行誹謗之誅以傷塞晏之化鄭玄注尚書考靈曜云道德純備謂之塞寬容覆載謂之晏杜塞忠直垂譏無窮臣敞謬豫機密言所不宜罪名明白當塡牢獄先壽僵仆萬死有餘書奏壽得減死論徙合浦今廣州縣未行自殺家屬得歸鄉里

贊曰鮑永沈吟晚迺歸正志達義全先號後慶易曰先號咷而後笑謂初凶後吉也申屠對策郅惲上書有道雖直無道不愚

申屠剛鮑永郅惲列傳第十九

後漢書二十九

蘇竟楊厚列傳第二十上　　後漢書三十上

唐章懷太子賢注

蘇竟字伯況扶風平陵人也平帝世竟以明易爲博士講書祭酒王莽置六經祭酒秩上卿每經各一人竟爲講尚書祭酒善圖緯能通百家之言王莽時與劉歆等共典校書拜代郡中尉時匈奴擾亂北邊多罹其禍竟終完輯一郡光武卽位就拜代郡太守使固塞以拒匈奴建武五年冬盧芳略得北邊諸郡帝使偏將軍隨弟屯代郡隨姓弟名也弟音悌竟病篤以兵屬弟詣京師謝罪拜侍中數月以病免初延岑護軍鄧仲況擁兵據南陽陰縣爲寇陰縣名屬南陽郡故城在今襄州穀城縣界北而劉歆兄子龔爲其謀主臣賢案前書及三輔決錄並云向曾孫今言歆兄子則不同也竟時在南陽與龔書曉之曰君執事無恙執事猶言左右也敬前人故呼其執事者爾雅曰恙憂也走昔以摩研編削之才走謂馳走之人謙稱也猶司馬遷與任少卿書云牛馬走之類也說文曰編次也削謂簡也一曰削書刀也研音牛見反與國師公從事出入校定祕書劉歆爲王莽國師公也竊自依依末由自遠蓋

汲古閣　毛氏

聞君子慼同類而傷不遇人無愚智莫不先避害然後求利先定志然後求名昔智果見智伯窮兵必亡故變名遠逝智果智伯臣也逝去也戰國策曰智伯與韓魏共圍趙智伯之臣智果說智伯曰韓魏二主色動而喜必背君矣不如殺之智伯曰晉陽旦暮將拔之而饗其利乃有它心不可子勿復言智果見言之不聽出更其姓爲輔氏遂去不見其後韓魏乃反殺智伯三分其地果或作過陳平知項王爲天所棄故歸心高祖皆智之至也陳平初事項羽後知羽必敗乃仗劒渡河歸漢見前書也聞君前權時屈節北面延牙延岑字牙屈節謂臣事也迺後覺悟棲遲養德爾雅曰棲遲息偃也言後息偃養德不復事延牙也詩小雅曰或棲遲偃仰先世數子又何以加謂智果陳平也君處陰中土多賢士若以須臾之間研考異同揆之圖書測之人事則得失利害可陳於目何自負畔亂之困不移守惡之名乎與君子之道何其反也世之俗儒末學醒醉不分而稽論當世疑誤視聽或謂天下迭興未知誰是稱兵據土可圖非冀或曰聖王未啓宜觀時變倚彊附大顧望自守二者之論豈其然乎夫孔丘祕經爲漢赤制祕經幽祕之經即緯書也赤制解見郅惲傳玄包幽室文隱事明包藏也言緯書玄祕藏於幽室文雖

微隱事甚明驗 且火德承堯雖昧必亮 昧暗也亮明也言漢承唐堯劉累之後以火德王雖遭王莽篡奪一時暗昧今光武中興必盛明也 承積世之祚握無窮之符王氏雖乘閒偷篡而終嬰大戮支分體解宗氏屠滅非其効歟 王莽傳曰校尉公賓就斬莽首軍人分裂莽身支節肌肉臠分三輔舊事曰臠切千段 皇天所以眷顧踟躕憂漢子孫者也 踟躕猶裴回也 論者若不本之於天參之於聖猥以師曠雜事輕自眩惑說士作書亂夫大道焉可信哉 師曠雜事雜占之書也前書曰陰陽書十六家有師曠八篇也 諸儒或曰今五星失晷天時謬錯 五星謂東方歲星南方熒惑星西方太白星北方辰星中央鎮星失晷失於常度 辰星久而不効 不効謂出入失度也 太白出入過度熒惑進退見態鎮星繞帶天街歲星不舍氐房 前書曰昴畢閒爲天街氐房東方之宿歲星歲舍一次當次舍於氐房今不舍之是變常也 以爲諸如此占歸之國家蓋災不徒設皆應之分野各有所主夫房心卽宋之分東海是也 前書天文志曰卯爲房心宋之分也 尾爲燕分漁陽是也 前書天文志曰寅爲尾箕燕之分也 東海董憲迷惑未降漁陽彭寵逆亂擁兵王赫斯怒命將並征故熒惑應此憲寵受殃太白辰星自亡新之末失行算度以至於今

或守東井或沒羽林東井南方之宿天官書曰北宮虛危南方有衆星曰羽林天軍笄或作𢍁或衷回藩屛或躑躅帝宮帝宮北辰也藩屛兩旁之星也衷回謂縈繞淹留躑躅謂上下不去也或經天反明或潛藏久沈或衰微闇昧或煌煌北南或盈縮成鉤或偃蹇不禁盈縮猶進退曲如鉤形也偃蹇高而明大無禁制皆大運蕩除之祥聖帝應符之兆也賊臣亂子往往錯互指麾妄說傳相壞誤由此論之天文安得遵度哉迺者五月甲申天有白虹自子加午廣可十丈長可萬丈正臨倚彌倚彌卽黎丘秦豐之都也蓋秦豐黎丘一名倚彌也是時月入于畢畢爲天網畢西方宿也主網羅無道之君故武王將伐紂上祭於畢求助天也史記曰周武王卽位九年上祭于畢東觀兵於孟津也夫仲夏甲申爲八魁厤法春二月己巳丁丑夏三月甲申壬辰秋三月己亥丁未冬三月甲寅壬戌爲八魁八魁上帝開塞之將也主退惡攘逆流星狀似蚩尤旗或曰營頭或曰天槍出奎而西北行至延牙營上散爲數百而滅奎爲毒螫主庫兵春秋合誠圖曰奎主武庫之兵也此二變郡中及延牙士衆所共見也是故延牙遂之武當今均州縣也託言發

兵實避其殃今年比卦部歲坤主立冬坎主冬至水性滅火南方之兵受歲禍也（比卦坤下坎上坎爲水也）德在中宮刑在木木勝土刑制德今年兵事畢已中國安寧之效也五七之家三十五姓彭秦延氏不得豫焉（春秋運斗樞曰五七三十五人皆共一德）如何怪惑依而恃之葛虆之詩求福不回其若是乎（詩大雅曰莫莫葛虆施于條枚愷悌君子求福不回注云葛延蔓于木之枝而茂盛喻子孫依緣先人之功而起也回違也言不違先祖之道）圖讖之占衆變之驗皆君所明善惡之分去就之決不可不察無忽鄙言夫周公之善康叔以不從管蔡之亂也（史記曰周公以成王命伐殷殺管叔放蔡叔以殷餘人封康叔爲衛君）景帝之悅濟北以不從吳濞之畔也（濟北王志高帝孫齊王肥之子也吳楚反時堅守不從景帝賢之徙封爲淄川王也）自更始以來孤恩背逆歸義向善臧否粲然可不察歟良醫不能救無命彊梁不能與天爭（扁鵲之見桓侯項王之敵漢祖也）故天之所壞人不得支（支持也左傳曰晉汝叔寬曰天之所壞不可支也衆之所爲不可干也）宜密與太守劉君共謀降議仲尼棲棲墨子遑遑憂人之甚也（班固曰棲棲遑遑孔席不煖墨突不黔也）屠羊救楚非要爵祿（莊子曰楚昭王失國屠羊說走而從於王昭王反國將賞

從亡者及屠羊說屠羊說曰大王失國說失屠羊大王反國說亦反屠羊臣之爵祿已復矣又何賞之有遂不受也茅焦干秦豈求報利秦始皇遷太后於咸陽宮又撲殺兩弟齊人茅焦解衣伏質入諫始皇乃迎太后歸於咸陽爵茅焦爲上卿焦辭不受事見說苑也盡忠博愛之誠憤滿不能已耳又與仲況書諫之文多不載於是仲況與龔遂降龔字孟公長安人善論議扶風馬援班彪並器重之三輔決錄注曰唯有孟公論可觀者班叔皮與京兆丞郭季通書曰劉孟公藏器於身用心篤固實瑚璉之器宗廟之寶也竟終不伐其功潛樂道術作記誨篇及文章傳於世年七十卒於家

楊厚字仲桓廣漢新都人也祖父春卿善圖讖學爲公孫述將漢兵平蜀春卿自殺臨命戒子統曰吾綈袠中說文曰綈厚繒也綈音提有先祖所傳祕記爲漢家用爾其修之統感父遺言服闋辭家從犍爲周循學習先法又就同郡鄭伯山受河洛書及天文推步之術益部耆舊傳曰統字仲通曾祖父仲續舉河東方正拜祁令甚有德惠人爲立祠樂益部風俗因留家新都代修儒學以夏侯尚書相傳建初中爲彭城令一州大旱統推陰陽消伏縣界蒙澤太守宗湛使統爲郡求雨亦即降澍袁山

松書曰統在縣休徵時序風雨得節嘉禾生於寺舍人庶稱神也自是朝廷災異多以訪之統作家法章句及內讖二卷解說位至光祿大夫爲國三老年九十卒統生厚厚母初與前妻子博不相安厚年九歲思令和親迺託疾不言不食母知其旨懼然改意懼音九具反恩養加篤博後至光祿大夫厚少學統業精力思述初安帝永初二年太白入北斗洛陽大水續漢志曰時正月己亥太白入北斗中以爲貴相凶也又京師及郡國四十一雨水鄧太后專政也時統爲侍中厚隨在京師朝廷以問統統對年老耳目不明子厚曉讀圖書粗識其意鄧太后使中常侍承制問之厚對以爲諸王子多在京師容有非常宜亟發遣各還本國亟音紀力反太后從之星尋滅不見又剋水退期日皆如所言除爲中郎太后特引見問以圖讖厚對不合免歸袁山松書曰鄧后問厚曰大將軍鄧騭應輔臣以不對曰不應以此不合其旨復習業犍爲不應州郡三公之命方正有道公車特徵皆不就永建二年順帝特徵詔告郡縣督促發遣厚不得已行到長安以

病自上因陳漢三百五十年之戹春秋命厤序曰四百年之閒閉四門聽外難羣異並賊官有孽臣州有兵亂五七弱暴漸之効也宋均注云五七三百五十歲當順帝漸微四方多逆賊也宜蠲法改憲之道蠲明也及消伏災異凡五事制書褒述有詔太醫致藥太官賜羊酒及至拜議郎三遷爲侍中特蒙引見訪以時政四年厚上言今夏必盛寒當有疾疫蝗蟲之害是歲果六州大蝗疫氣流行夜又連上西北二方有兵氣宜備邊寇車駕臨當西巡感厚言而止至陽嘉三年西羌寇隴右明年烏桓圍度遼將軍耿曄永和元年復上京師應有水患又當火災三公有免者蠻夷當反畔是夏洛陽大水殺千餘人至冬承福殿災太尉龐參免荆交二州蠻夷賊殺長吏寇城郭又言陰臣近戚妃黨當受禍陰私也明年宋阿母與宦者褒信侯李元等遘姦廢退阿母順帝乳母山陽君宋娥也後二年中常侍張逵等復坐誣罔大將軍梁商專恣悉伏誅每有災異厚輒上消救之法而閹官專政言不得信時大將軍梁

冀威權傾朝遣弟侍中不疑以車馬珍玩致遺於厚欲與相見厚不答固稱病求退帝許之賜車馬錢帛歸家修黄老教授門生上名録者三千餘人太尉李固數薦言之太初元年梁太后詔備古禮以聘厚古禮謂以束帛加璧安車蒲輪等遂辭疾不就建和三年太后復詔徵之經四年不至年八十二卒於家策書弔祭鄉人謚曰文父門人爲立廟郡文學掾史春秋饗射常祠之

蘇竟楊厚列傳第二十上

金陵書局仿汲古閣本刊

郎顗襄楷列傳第二十下　　後漢書三十下

唐章懷太子賢注

郎顗字雅光北海安丘人也父宗字仲綏學京氏易善風角星算六日七分京氏京房也作易傳風角謂候四方四隅之風以占吉凶也星算謂善天文算數也易稽覽圖曰甲子卦氣起中孚六日八十分日之七鄭玄注云六以候也八十分爲一日之七者一卦六日七分也能望氣占候吉凶常賣卜自奉奉音扶用反安帝徵之對策爲諸儒表後拜吳令吳縣名屬會稽郡今蘇州縣也時卒有暴風宗占知京師當有大火記識時日遣人參候果如其言諸公聞而表上以博士徵之宗恥以占驗見知聞徵書到夜縣印綬於縣廷而遁去遂終身不仕顗少傳父業兼明經典隱居海畔延致學徒常數百人晝研精義夜占象度勤心銳思朝夕無倦州郡辟召舉有道方正不就順帝時災異屢見陽嘉二年正月公車徵顗乃詣闕拜章曰臣聞天垂妖象地見災符所以譴告人主責躬修德使正機平衡流化興政

也易內傳曰凡災異所生各以其政變之則除消之生災所起各以其政變之則除其不可變則施之亦除鄭玄注曰改其政者謂失土令則行木令失金令則行火令則災除去也不可變謂殺賢者也施之者祿其子孫使得血食則災除也伏惟陛下躬日昃之聽溫三省之勤論語曾子日三省
咎務消祇悔祇大也易復卦初九曰無祇悔元吉方今時俗奢佚淺恩薄義
儉約拯薄無若敦厚安上理人莫善於禮修禮遵約蓋惟上興革
文變薄事不在下故周南之德關雎政本周南詩序曰關雎風之始也所以風化天下而正夫婦也故夫婦爲政本也本立道生風行草從澄其源者流清溷其本者末濁天地之道
其猶鼓籥以虛爲德自近及遠者也籥如笛六孔鼓籥其形內虛而氣無窮老子曰天地之閒其猶橐籥虛而不屈動而愈出伏見往年以來園陵數災陽嘉元年冬恭陵百丈廡災永建元年秋茂陵園寢災炎光熾猛驚動神
靈易天人應曰君子不思遵利茲謂無澤厥災孽火燒其宮又曰
君高臺府犯陰侵陽厥災火又曰上不儉下不節災火並作燒居
室自頃繕理西苑修復太學永建六年修太學也宮殿官府多所搆飾昔盤庚

遷殷去奢節儉帝王紀曰盤庚吕耿在河北迫近山川自祖辛吕來奢淫不絶乃渡河將徙都亳之殷地人咨嗟相怨不欲徙盤庚乃作書三篇吕告喻之今尚書盤庚三篇是也亳在偃師夏后卑室盡力致美論語孔子曰禹惡衣服而致美乎黻冕卑宮室而盡力乎溝洫又魯人爲長府閔子騫曰仍舊貫何必改作長府藏之府名也仍因也貫事也言因舊事則可何必更作見論語臣愚吕爲諸所繕修事可省減稟卹貧人賑贍孤寡此天之意也人之慶也仁之本也儉之要也焉有應天養人爲仁爲儉而不降福者哉土者地祇陰性澄靜宜吕施化之時敬而勿擾竊見正月吕來陰闇連日易內傳曰久陰不雨亂氣也蒙之比也蒙者君臣上下相冒亂也易稽覽圖曰日食之比陰得陽蒙之比也陰冒陽也鄭玄注云蒙氣也比非一也邪臣謀覆冒其君先霧從夜昏起或從夜半或平旦君不覺悟日中不解遂成蒙君復不覺悟下爲霧也比音庇又曰賢德不用厥異常陰夫賢者化之本雲者雨之具也得賢而不用猶久陰而不雨也又頃前數日寒過其節冰既解釋還復凝合夫寒往則暑來暑往則寒來易繫辭之文也此言日月相推寒暑相避吕成物也今立春之後火卦用事當溫而寒違反時節由功賞不

至而刑罰必加也宜須立秋順氣行罰臣伏案飛候參察衆政京房作易飛候已爲立夏之後當有震裂涌水之害又比熒惑失度盈縮往來涉歷輿鬼環繞軒轅天官書曰輿鬼南方之宿軒轅黃龍體女主後宮之象也火精南方夏之政也政有失禮不從夏令則熒惑失行熒惑南方主夏爲禮爲視禮虧視失不行夏令則熒惑逆行也見天文志正月三日至乎九日三公卦凡卦法一爲元士二爲大夫三爲三公四爲諸侯五爲王位六爲宗廟前書曰梁人焦延壽字贛長於災變分六十四卦更直日用事以風雨寒溫爲候音義云分卦直日之法爻主一日卽三日九日並爲三公之日也三公上應台階下同元首春秋元命包曰魁下六星兩兩而比曰三台前書音義曰泰階三台也又黃帝泰階六符經曰泰階者天之三階也上階爲天子中階爲諸侯公卿大夫下階爲士庶人三階平則陰陽和風雨時尚書曰君爲元首臣作股肱言三公上象天之台階下與人君同體也政失其道則寒陰反節節彼南山詠自周詩詩小雅曰節彼南山維石巖巖赫赫師尹民具爾瞻注云節高峻貌也喻三公之位人所高巖也赫赫顯盛也師尹三公也言三公之位天下之人共瞻視之股肱良哉著於虞典而今之在位競託高虛納累鍾之奉忘天下之憂六斛四斗曰鍾左傳曰四斗爲豆四豆爲區四區爲釜四釜爲鍾也棲遲偃仰寢疾自逸被策文得賜錢卽復起矣何疾之易而愈之速以此消伏災眚興致升平其可得乎今選舉牧守委

任三府〔三公也〕長吏不良既咎州郡州郡有失豈得不歸責舉者而陛下崇之彌優自下慢事愈甚所謂大網疏小網數〔謂緩於三公切於州郡也〕三公非臣之仇臣非狂夫之作所謂發憤忘食懇懇不已者誠念朝廷欲致興平非不能面譽也臣生長草野不曉禁忌披露肝膽書不擇言伏鑕鼎鑊死不敢恨謹詣闕奉章伏待重誅書奏帝復使對尚書〔使就尚書吏對也〕顗對曰臣聞明王聖主好聞其過忠臣孝子言無隱情臣備生人倫視聽之類而稟性愚戇不識忌諱故出死忘命懇懇重言〔重再也〕誠欲陛下修乾坤之德開日月之明披圖籍案經典覽帝王之務識先後之政如有闕遺退而自改本文武之業擬堯舜之道攘災延慶號令天下此誠臣顗區區之願夙夜夢寐盡心所計謹條序前章暢其旨趣〔謂前請闕所上章也〕條便宜七事具如狀對

一事陵園至重聖神攸馮而災火炎赫迫近寢殿魂而有靈猶將

驚動壽宮殿官府近始永平歲時未積便更修造又西苑之設禽畜是處離房別觀本不常居而皆務精土木營建無已消功單賄巨億爲計易內傳曰人君奢侈多飾宮室其時旱其災火是故魯僖遭旱修政自勑下鐘鼓之縣休繕治之官（春秋考異郵曰僖公三年春夏不雨於是僖公憂閔玄服避舍釋更傜之逋罷軍寇之誅去苛刻峻文慘毒之數所蠲浮令四十五事曰方今天旱野無生稼寡人當死百姓何謗不敢煩人請命願撫萬人害以身塞無狀禱已舍齊南郊雨大澍也）雖則不盛而時雨自降（左傳僖公六月雨）由此言之天之應人敏於景響（敏疾也）今月十七日戊午徵日也（陽嘉二年正月）日加申（日在申時也）風從寅來丑時而止丑寅申皆徵也不有火災必當爲旱（南方爲徵故爲火及旱也）願陛下校計繕修之費永念百姓之勞罷將作之官減彫文之飾損庖廚之饌退宴私之樂易中孚傳曰陽感天不旋日（易中孚傳曰陽感天不旋日諸侯不旋時大夫不過朞鄭玄注云陽者天子爲善一日天立應以善爲惡一日天立應以惡諸侯爲善一時天立應以善爲惡一時天立應以惡大夫爲善一歲天亦立應以善爲惡一歲天亦立應以惡一說云不旋日立應之不過時三辰閒不過朞從今日至明日也陽卽指天子也）如是則景雲降集眚沴息矣（景雲五色雲也一曰慶雲孝經援神契曰德至山陵則景雲出顗以園陵火災故引

之也眚沴謂災氣

二事去年㠯來兌卦用事類多不効易傳曰有貌無實佞人也有實無貌道人也寒溫爲實清濁爲貌易稽覽圖曰有實無貌屈道人也有貌無實佞人也鄭玄注曰有寒溫無貌濁清淨此賢者屈道仕于不肖君也有貌濁清靜無寒溫此佞人㠯便巧仕于世也今三公皆令色足恭外屬內荏㠯虛事上無佐國之實故清濁効而寒溫不効也是以陰寒侵犯消息易稽覽圖曰侵消息者或陰專政或陰侵陽鄭玄注溫卦㠯溫侵寒卦以寒侵陽者君也陰者臣也專君政事亦陰侵陽也占曰日乘則有妖風日蒙則有地裂如是三年則致日食陰侵其陽漸積所致立春前後溫氣應節者詔令寬也其後復寒者無寬之實也夫十室之邑必有忠信率土之人豈無貞賢未聞朝廷有所賞拔非所㠯求善贊務弘濟元元宜採納良臣㠯助聖化

三事臣聞天道不遠三五復反春秋合誠圖曰至道不遠三五而反宋均注云三三正也五五行也三正五行王者改代之際會也能於此際自新如初則通無窮也今年少陽之歲法當乘起恐後年已往將遂驚動涉

歷天門災成戊己戌亥之間爲天門也今春當旱夏必有水臣以六日七分候之可知夫災眚之來緣類而應行有玷缺則氣逆於天精感變出以戒人君王者之義時有不登則損滋徹膳數年已來穀收稍減家貧戶饉歲不如昔百姓不足君誰與足水旱之災雖尚未至然君子遠覽防微慮萌老子曰人之飢也以其上食稅之多也故孝文皇帝綈袍革舃木器無文前書曰孝文帝身衣弋綈足履革舃兵木無刃衣縕無文約身薄賦時致升平今陛下聖德中興宜遵前典惟節惟約天下幸甚易曰天道無親常與善人是故高宗以享福高宗般王武丁也尚書大傳曰武丁祭成湯有雉飛升鼎耳而雊祖已曰雉者野鳥升於鼎者欲爲用也無則遠方將有來朝者故武丁內反諸已以思先王之道三年編髮重譯來朝者六國孔子曰吾於高宗肜日見德之有報之疾也帝王紀曰高宗享國五十有九年年百歲也宋景以延年呂氏春秋曰宋景公時熒惑在心召子韋問焉子韋曰禍當君雖然可移宰相公曰宰相寡人所與理國家也曰可移於人公曰人死寡人將誰爲君曰可移於歲公曰歲饑人餓誰以我爲君乎子韋曰君有至德之言三天必三賞君熒惑必退三舍一舍行七星星當一年君延二十一年矣熒惑可退三舍也四事臣竊見皇子未立儲宮無主仰觀天文太子不明洪範五行傳曰心之大星天王

也其前星太子也後星庶子也熒惑㠯去年春分後十六日在婁五度婁西方宿也推步三統熒惑今當在翼九度翼南方宿也今反在柳三度柳東方宿也則不及五十餘度言熒惑行遲也去年八月二十四日戊辰熒惑歷輿鬼東入軒轅出后星北東去四度北旋復還軒轅者後宮也熒惑者至陽之精也天之使也熒惑南方火盛陽之精也天文要集曰天有五帝五星爲之使而出入軒轅繞還往來易曰天垂象見吉凶其意昭然可見矣禮天子一娶九女嫡媵畢具今宮人侍御動㠯千計或生而幽隔人道不通鬱積之氣上感皇天故遣熒惑入軒轅理人倫垂象見異㠯悟主上昔武王下車出傾宮之女表商容之閭尚書大傳曰武王入殷表商容之閭歸傾宮之女㠯理人倫㠯表賢德故天授㠯聖子成王是也今陛下多積宮人㠯違天意故皇胤多夭嗣體莫寄詩云敬天之怒不敢戲豫詩大雅板篇之文也注云戲豫逸豫也方今之福莫若廣嗣廣嗣之術可不深思宜簡出宮女恣其姻嫁則天自降福子孫千億惟陛下

丁寍再三留神於此左右貴倖亦宜惟臣之言以悟陛下益善言古者合於今善言天者合於人前書武帝詔曰善言天者必有徵於人善言古者必有驗於今願訪問百僚有違臣言者臣當受苟言之罪論語孔子曰君子於其言無所苟而已矣

五事臣竊見去年閏十月十七日己丑夜有白氣從西方天苑趨左足入玉井數日迺滅續漢志曰時客星氣白廣二尺長五丈起天苑西南天官書曰西有勾曲九星三處羅一曰天旗二曰天苑三曰九斿參星下四小星爲玉井其外四星左右肩股也春秋曰有星孛于大辰大辰者何大火也春秋昭十七年有星孛于大辰爾雅曰大辰房心尾也孫炎曰龍星明者可以爲明候故曰大辰大火爲大辰罰又爲大辰爾雅曰罰謂之大辰也北極亦爲大辰爾雅曰北極謂之北辰李巡曰北極天心也居北方正四時謂之北辰也所以孛一宿而連三宿者言北辰王者之宮也凡中宮無節政教亂逆威武衰微則此三星以應之也罰者白虎其宿主兵其國趙魏天官書曰參爲白虎下有三星曰罰爲斬刈之事故主兵昴畢之閒趙魏之分也變見西方亦應三輔凡金氣爲變發在秋節西方白氣入玉井是金氣之變也臣恐立秋以後趙魏關西將有羌寇畔戾之患宜豫宣告諸郡使敬授人

時輕傜役，薄賦斂，勿妄繕起，堅倉獄，備守衞，回選賢能，以鎮撫之，回易也。金精之變，責歸上司，上司謂司馬也。建武二十七年改爲大尉。韓詩外傳曰：司馬主天，陰陽不調，星辰失度，責之司馬，故云責歸上司也。宜以五月丙午，遣太尉服干戚，建井旟，干，楯也。戚，斧也。西方主兵，故太尉執持楯斧，所以厭金氣也。井，南方火宿也。鳥隼曰旟也。以火勝金，故畫井星之文於旟而建之也。書玉板之策，引白氣之異，書祝辭於玉板也。於西郊責躬求愆，謝咎皇天，消滅妖氣。蓋以火勝金，轉禍爲福也。以五月丙午日，火勝金也。

六事：臣竊見今月十四日乙卯巳時，白虹貫日。凡日傍色氣白而純者名爲虹。貫日中者，侵太陽也；見於春者，政變常也。方今中官外司，各各考事，考劾也。其所考者，或非急務。又恭陵火災，主名未立，立猶定也。時考問延火者姓名未定也。多所收捕，備經考毒。尋火爲天戒，以悟人君，可順而不可違，可敬而不可慢。陛下宜恭己內省，以備後災。凡諸考案，並須立秋。又易傳曰：「公能其事，序賢進士，後必有喜。」反之，則白虹貫日，以甲乙見者，則譴在中台。譴，責也。韓詩外傳曰：三公者何？司空、司徒、司馬也。司馬主天，司空主地，司徒主人。故陰陽不調，星辰失度，責之司馬，山陵崩絶川谷不流責之司空五穀不植草木不茂責之司徒甲乙東方主春生殖五穀之時也而白虹㠯甲乙日見明責在司徒也自司徒居位陰陽多謬時劉崎爲司徒至陽嘉三年策免久無虛己進賢之策天下興議異人同咨咨嗟歎也且立春㠯來金氣再見謂元年閏十二月己丑夜有白氣入玉井二年正月乙卯白虹貫日此今氣再見金能勝木必有兵氣宜黜司徒㠯應天意陛下不早攘之將負臣言遺患百姓

七事臣伏惟漢興㠯來三百三十九歲於詩三基高祖起亥仲二年今在戌仲十年基當作朞謂以三朞之法推之也詩氾厤樞曰凡推其數皆從亥之仲起此天地所定位陰陽氣周而復始萬物死而復蘇大統之始故王命一節爲之十歲也詩氾厤樞曰卯酉爲革政午亥爲革命神在天門出入候聽宋均注云神陽氣君象也天門戌亥之間乾所據者言神在戌亥司候帝王興衰得失厥善則昌厥惡則亡於易雄雌祕厤今值困乏之凡九二困者衆小人欲共困害君子也經曰困而不失其所其唯君子乎易困卦之辭也唯獨賢聖之君遭困遇險能致命遂志不去其道易困卦曰澤無水困君子以致命遂志困卦坎下兌上坎爲水兌爲澤水在澤下是謂竭涸之象故以喻困致命遂志謂君子委命固窮不離於道也陛下乃者潛龍養德幽隱屈厄謂順帝爲太子時廢爲濟陰王卽位

之元紫宮驚動厤運之會時氣已應然猶恐妖祥未盡君子思患而豫防之臣㠯爲戌仲巳竟來年入季文帝改法除肉刑之罪漢法肉刑三謂黥也劓也左右趾也文帝除之當黥者髡鉗城旦舂當劓者笞三百當左右趾者笞五百也至今適三百載自文帝十三年除肉刑至順帝陽嘉二年合三百年也宜因斯際大蠲法令官名稱號輿服器械事有所更變大爲小去奢就儉機衡之政除煩爲簡改元更始招求幽隱舉方正徵有道博採異謀開不諱之路臣陳引際會恐犯忌諱書不盡言未敢究暢臺詰顗曰對云白虹貫日政變常也朝廷率由舊章何所變易而言變常又言當大蠲法令革易官號或云變常㠯致災或改舊㠯除異何也又陽嘉初建復欲改元據何經典其㠯實對顗對曰方春東作布德之元陽氣開發養導萬物王者因天視聽奉順時氣宜務崇溫柔遵其行令禮記月令孟春天子命相布德和令行慶施惠下及兆民仲春安萌牙養幼少存諸孤省囹圄去桎梏止獄訟是遵其行令也而今立春之後考事不息秋冬之政行乎春夏故白虹春見

掩蔽曰曜凡邪氣乘陽則虹蜺在日斯皆臣下執事刻急所致殆非朝廷優寬之本此其變常之咎也又今選舉皆歸三司非有周召之才而當則哲之重尚書曰知人則哲每有選用輒參之掾屬參豫也公府門巷賓客塡集送去迎來財貨無已其當遷者競相薦謁各遣子弟充塞道路開長姦門興致浮僞非所謂率由舊章也尚書職在機衡宮禁嚴密北斗魁星第三爲機第五爲衡於天文爲喉舌李固對策曰陛下之有尚書猶天有北斗斗主爲喉舌斟酌元氣運于四時出納王命也私曲之意羌不得通偏黨之恩或無所用選舉之任不如還在機密欲使尚書專掌選也臣誠愚戇不知折中斯固遠近之論當今之宜又孔子曰漢三百載斗厤改憲春秋保乾圖曰陽起於一天帝爲北辰氣辰於三巳立五神三五展轉機以動運故三百歲斗厤改憲也三百四歲爲一德五德千五百二十歲五行更用易乾鑿度孔子曰立德之數先立木金水火土德各三百四歲五德備凡千五百二十歲太終復初故曰五行更用更猶變改也王者隨天譬猶自春徂夏改青服絳者也禮記月令孟春天子衣青衣服蒼玉孟夏則衣朱衣服赤玉也自文帝省刑適三百年而輕微之禁漸已殷積王

者之法譬猶江河當使易避而難犯也故易曰易則易知簡則易從易簡而天下之理得矣今去奢卽儉以先天下改易名號隨事稱謂易曰君子之道或出或處同歸殊塗一致百慮是知變常而善可以除災變常而惡必致於異今年仲竟來年入季仲終季始厤運變改故可改元所以順天道也臣顗愚蔽不足以答聖問顗又上書薦黃瓊李固幷陳消災之術曰臣前對七事要政急務宜於今者所當施用誠知愚淺不合聖聽人賤言廢當受誅罰（論語孔子曰不以人廢言）怔營惶怖靡知厝身臣聞刳舟剡楫將欲濟江海也（易曰黃帝刳木爲舟剡木爲楫）聘賢選佐將以安天下也昔唐堯在上羣龍爲用（羣龍喻賢臣也鄭玄注易乾卦云爻皆體乾羣龍之象舜既受禪禹與稷契咎繇之屬並在朝）文武創德周召作輔是以能建天地之功增日月之耀者也詩云赫赫王命仲山甫將之邦國若否仲山甫明之（詩大雅也將行也若順也順否猶臧否謂善惡也言國有善惡仲山甫皆明之）宣王是賴以致雍熙陛下踐祚以來勤心

衆政而三九之位未見其人三公九卿也是以災害屢臻四國未寧四方之國臣考之國典驗之聞見莫不以得賢爲功失士爲敗且賢者出處翔而後集論語色斯舉矣翔而後集爵以德進則其情不苟然後使君子恥貧賤而樂富貴矣若有德不報有言不醻來無所樂進無所趨無爵賞也則皆懷歸藪澤修其故志矣夫求賢者上以承天下以爲人不用之則逆天統違人逆天統則災眚降違人望則化不行災眚降則下呼嗟化不行則君道虧四始之缺五際之戹其咎如此四始謂關雎爲國風之始鹿鳴爲小雅之始文王爲大雅之始清廟爲頌之始缺猶廢也翼奉傳曰易有陰陽五際孟康曰韓詩外傳云五際卯酉午戌亥也陰陽終始際會之歲於此則有變改之政豈可不剛健篤實矜矜慄慄以守天功盛德大業乎易繫辭曰日新之謂盛德富有之謂大業臣伏見光祿大夫江夏黃瓊耽道樂術清亮自然被褐懷寶含味經籍家語子路問於孔子曰有人於此被褐而懷玉何如子曰國無道隱可也國有道則袞冕而執玉也又果於從政明達變復言明於變異消復之術也朝廷前加優寵賓于上位瓊入朝日淺謀謨未就因以喪病致命遂志老

子曰大音希聲大器晚成聲震宇內謂之大音其動有時故希聲也無所不容謂之大器其功既博故晚成也善人爲國三年迺立論語孔子曰苟有用我者期月而已可也三年乃成功又曰善人爲邦百年可以勝殘去殺天下莫不嘉朝廷有此良人而復怪其不時還任陛下宜加隆崇之恩極養賢之禮徵反京師以慰天下又處士漢中李固年四十通游夏之藝履顏閔之仁潔白之節情同皦日忠貞之操好是正直卓冠古人當世莫及元精所生王之佐臣元爲天精謂之精氣春秋演孔圖曰正氣爲帝閒氣爲臣宮商爲佐秀氣爲人也天之生固必爲聖漢宜蒙特徵以示四方夫有出倫之才不應限以官次昔顏子十八天下歸仁論語曰顏淵問仁孔子曰克己復禮爲仁一日克己復禮天下歸仁焉子奇稺齒化阿有聲子奇齊人年十八爲阿邑宰出倉廩以振貧乏邑內大化見說苑若還瓊徵固任以時政伊尹傅說不足爲比則可垂景光致休祥矣臣顗明不知人伏聽衆言百姓所歸臧否共歎願汎問百僚覈其名行有一不合則臣爲欺國惟留聖神不以人廢言謹復條便宜四事附奏於左

一事孔子作春秋書正月者敬歲之始也（公羊傳曰元年春正月元年者何君之始年也春者何歲之始也）王者則天之象因時之序宜開發德號爵賢命士流寬大之澤垂仁厚之德（禮記正月迎春於東郊還迺賞公卿諸侯大夫於朝命相布德和令行慶施惠下及兆人慶賞遂行無有不當）順助元氣含養庶類如此則天文昭爛星辰顯列五緯循軌四時和睦（五緯五星）不則太陽不光天地溷濁時氣錯逆霾霧蔽日（爾雅曰風而雨土爲霾）自立春以來累經旬朔未見仁德有所施布但聞罪罰考掠之聲夫天之應人疾於景響而自從入歲常有蒙氣月不舒光日不宣曜日者太陽以象人君政變於下日應於天清濁之占隨政抑揚天之見異事無虛作豈獨陛下倦於萬機帷幄之政有所闕歟（帷幄謂謀謨之臣也）何天戒之數見也臣願陛下發揚乾剛援引賢能勤求機衡之寄以獲斷金之利（易曰二人同心其利斷金）臣之所陳輒以太陽爲先者明其不可久闇急當改正其異雖微其事甚重臣言雖約其旨甚廣惟陛下乃眷臣章深留明

思
二事孔子曰靁之始發大壯始君弱臣彊從解起今月九日至十四日大壯用事消息之卦也於此六日之中靁當發聲發聲則歲氣和王道興也周書時訓曰春分之日玄鳥至又五日靁乃發聲靁不發聲諸侯失人也易曰雷出地奮豫豫卦坤下震上坤爲地震爲靁靁在地上故曰靁出地豫奮動也豫喜也先王以作樂崇德殷薦之上帝殷盛也薦進也上帝天帝也靁動於地萬物喜豫作樂之象靁者所以開發萌芽辟陰除害萬物須靁而解資雨而潤易解卦曰天地解而靁雨作靁雨作而百果草木皆甲拆也故經曰靁以動之雨以潤之易說卦文王者崇寬大順春令則靁應節不則發動於冬當震反潛故易傳曰當靁不靁太陽弱也今蒙氣不除日月變色則其効也天網恢恢疏而不失老子之文也隨時進退應政得失大人者與天地合其德與日月合其明易乾卦文言之辭也大人天子也璇璣動作與天相應靁者號令其德生養號令殆廢當王而殺則靁反作其時無歲靁以冬鳴則歲饑也陛下若欲除災昭祉順天致

和宜察臣下尤酷害者亟加斥黜以安黎元則太皓悅和雷聲迺發（太皓天也）

三事去年十月二十日癸亥太白與歲星合於房心太白在北歲星在南相離數寸光芒交接房心者天帝明堂布政之宮（春秋元命包曰房四星心三星）孝經鉤命決曰歲星守心年穀豐（歲星守心爲重華故年豐也）尚書洪範記曰月行中道移節應期德厚受福重華留之（天官書曰歲星一曰攝提一曰重華也）重華者謂歲星在心也今太白從之交合明堂金木相賊而反同合（太白金也歲星木也金剋木故相賊也）此占陰陵陽臣下專權之異也房心東方其國主宋（卯爲房心宋之分也）石氏經曰（石氏魏人石中夫也見藝文志）歲星出左有年出右無年今金木俱東歲星在南是爲出右恐年穀不成宋人飢也陛下宜審詳明堂布政之務然後妖異可消五緯順序矣（五緯五星也）

四事易傳曰陽無德則旱陰僭陽亦旱陽無德者人君恩澤不施

於人也陰僭陽者祿去公室臣下專權也自冬涉春訖無嘉澤數有西風反逆時節春當東風也　朝廷勞心廣爲禱祈薦祭山川暴龍移市董仲舒春秋繁露曰春旱以甲乙日爲蒼龍一長八尺居中央爲小龍五各長四尺於東方皆東向其閒相去八尺小童八人皆齋三日服青衣而舞之夏以丙丁日爲赤龍服赤衣季夏以戊己日爲黃龍服黃衣秋以庚辛日爲白龍服白衣冬以壬癸日爲黑龍服黑衣牲各依其方色皆燔雄雞燒豭豬尾於里北門及市中以祈焉禮記歲旱魯穆公問於縣子縣子曰爲之徙市不亦可乎見檀弓篇　臣聞皇天感物不爲僞動災變應人要在責已若令雨可請降水可攘止則歲無隔并太平可待然而災害不息者患不在此也不在祈禱立春以來未見朝廷賞錄有功表顯有德存問孤寡賑恤貧弱而但見洛陽都官奔車東西收繫纖介牢獄充盈臣聞恭陵火處比有光曜比類也時恭陵百丈廡災仍有光曜不絶　明此天災非人之咎丁丑大風掩蔽天地風者號令天之威怒皆所以感悟人君忠厚之戒又連月無雨將害宿麥若一穀不登則飢者十三四矣陛下誠宜廣被恩澤貸贍元元昔堯遭九年之水人有十載之蓄者簡稅防災爲其方

也〔簡少也方法也〕願陛下早宣德澤以應天功若臣言不用朝政不改者立夏之後迺有澍雨於今之際未可望也若政變於朝而天不雨則臣爲誣上愚不知量分當鼎鑊書奏特詔拜郎中辭不就即去歸家至四月京師地震遂陷〔陽嘉二年四月己亥地震六月丁丑洛陽地陷是月旱也〕其夏大旱秋鮮卑入馬邑城破代郡兵明年西羌寇隴右〔陽嘉三年七月鍾羌寇隴西〕皆略如顗言後復公車徵不行同縣孫禮者積惡凶暴好爲游俠與其同里人常慕顗名德欲與親善顗不顧以此結怨遂爲禮所殺

襄楷字公矩平原隰陰人也〔風俗通曰襄姓楚大夫襄老之後隰陰縣在隰水之南故城在今齊州臨邑縣西也〕好學博古善天文陰陽之術桓帝時宦官專朝政刑暴濫又比失皇子災異尤數延熹九年楷自家詣闕上疏曰臣聞皇天不言以文象設教堯舜雖聖必歷象日月星辰察五緯所在故能享百年之壽爲萬世之法〔堯年一百一十七歲舜年一百一十二歲言百年舉全數〕臣切見去歲五月熒惑入太微犯帝

坐出端門不軌常道天官書曰太微南四星中爲端門軌猶依也其閏月庚辰太白入房犯心小星震動中耀中耀天王也傍小星者天王子也夫太微天廷五帝之坐而金火罰星揚光其中太白金也熒惑火也天文志曰逆夏令傷火氣罰見熒惑逆秋令傷金氣罰見太白故金火並爲罰星也於占天子凶又俱入房心法無繼嗣今年歲星久守太微逆行西至掖門還切執法天官書曰端門左右星爲掖門太微南四星爲執法切謂迫近也歲爲木精好生惡殺而淹留不去者咎在仁德不修誅罰太酷前七年十二月熒惑與歲星俱入軒轅逆行四十餘日而鄧皇后誅其冬大寒殺鳥獸害魚鼈城傍竹柏之葉有傷枯者續漢志曰延熹元年洛陽城傍竹柏葉有傷者臣聞於師曰柏傷竹枯不出三年天子當之今洛陽城中人夜無故叫呼云有火光人聲正讙續漢志曰桓帝延熹九年三月京師有火光轉行人相驚譟於占亦與竹柏枯同自春夏已來連有霜雹及大雨靁而臣作威作福刑罰急刻之所感也太原太守劉瓆南陽太守成瑨志除姦邪其所誅翦皆合人望謝承書曰劉瓆字文理平原人

遷太原太守郡有豪彊中官親戚爲百姓所患瓆深疾之到官收其魁帥殺之所臧匿主人悉坐伏誅桓帝徵詣廷尉以瓆宗室不忍致之於刑使自殺成瑨字幼平弘農人遷南陽太守時桓帝美人外親張子禁怙恃榮貴不畏法網瑨與功曹岑晊捕子禁付宛獄笞殺之桓帝徵瑨詣廷尉下獄死瓆音質瑨音晉而陛下受閹豎之譖乃遠加考逮三公上書乞哀瓆等不見採察時太尉陳蕃司徒劉矩司空劉茂共上書訟瓆等帝不納而嚴被譴讓憂國之臣將遂杜口矣臣聞殺無罪誅賢者禍及三世黃石公三略曰傷賢者殃及三世蔽賢者身當其害達賢者福流子孫疾賢者名不全自陛下即位以來頻行誅伐梁寇孫鄧並見族滅梁冀寇榮孫壽鄧萬世等也其從坐者又非其數李雲上書明主所不當諱杜眾乞死諒以感悟聖朝時弘農五官掾杜眾傷雲以忠諫獲罪遂上書云願與李雲同日死也曾無赦宥而并被殘戮天下之人咸知其冤漢興以來未有拒諫誅賢用刑太深如今者也永平舊典諸當重論皆須冬獄先請後刑所以重人命也頃數十歲以來州郡翫習又欲避請讞之煩廣雅曰讞疑也謂罪有疑者讞於廷尉也輒託疾病多死牢獄長吏殺生自己死者多非其罪魂神冤結無所歸訴淫厲疾疫自此而起淫過也左傳曰陰淫寒疾陽淫熱疾昔文王一妻誕致十

子史記曰大姒文王正妃也其長子伯邑考次武王發次管叔鮮次周公旦次蔡叔度次曹叔振鐸次成叔武次霍叔處次康叔封冉季載同母兄弟十人也今宮女數千未聞慶育宜修德省刑以廣螽斯之祚詩國風序曰螽斯后妃子孫衆多也言若螽斯不妒忌則子孫衆多也注云螽斯蚣蝑也凡有情慾者無不妒忌惟蚣蝑不爾各得受氣而生子故以喻焉祚福也又七年六月十三日河內野王山上有龍死長可數十丈延熹七年也袁山松書曰長可百餘丈扶風有星隕爲石聲聞三郡夫龍形狀不一小大無常故周易況之大人帝王以爲符瑞大人天子也乾卦九五曰飛龍在天大人造也九五處天子之位故曰飛龍喻焉尚書中候曰舜沈璧於淸河黃龍負圖出水或聞河內龍死諱以爲蛇夫龍能變化蛇亦有神皆不當死昔秦之將衰華山神操璧以授鄭客曰今年祖龍死祖龍謂秦始皇也樂資春秋後傳曰使者鄭客入函谷至平舒見素車白馬曰吾華山君願以一牘致滈池君子之咸陽過滈池見一大梓樹有文石取以叩樹當有應者以書與之鄭客如其言見宮闕如王者居謁者出受書入有頃云今年祖龍死始皇逃之死於沙丘史記曰始皇崩於沙丘平臺沙丘在今邢州平鄉縣東北王莽天鳳二年訛言黃山宮有死龍之異王莽傳曰時訛言黃龍墯地死黃山宮中百姓奔走往觀者乃有萬數莽惡之捕繫詰語所從起而竟不得後漢誅莽光武復興虛言猶然況於實邪夫星辰麗天猶萬國之附王者也下將畔上故星亦畔天

石者安類隧者失埶春秋五石隕宋其後襄公爲楚所執左傳魯僖公十六年隕石於宋五隕星也至二十年諸侯會宋公於盂於是楚執宋公㠯伐宋秦之亡也石隕東郡史記始皇三十六年有墜星下東郡至地爲石人或刻其石曰始皇死而地分始皇聞之盡取石傍舍誅之因燔其石今隕扶風與先帝園陵相近桓帝延熹七年隕石于鄠鄠屬扶風與高帝諸陵相近也不有大喪必有畔逆案春秋㠯來及古帝王未有河清及學門自壞者也延熹五年太學西門自壞八年濟陰東郡濟北河水清也臣㠯爲河者諸侯位也孝經援神契曰五嶽視三公四瀆視諸侯也清者屬陽濁者屬陰河當濁而反清者陰欲爲陽諸侯欲爲帝也大學天子教化之宮其門無故自壞者言文德將喪教化廢也京房易傳曰河水清天下平今天垂異地吐妖人厲疫三者並時而有河清猶春秋麟不當見而見孔子書之㠯爲異也公羊傳曰西狩獲麟何㠯書記異也何㠯異麟非中國獸也臣前上琅邪宮崇受于吉神書不合明聽于姓吉名也神書卽今道家太平經也其經㠯甲乙丙丁戊己庚辛王癸爲部每部一十七卷也臣聞布穀鳴於孟夏蟋蟀吟於始秋物有微而志信人有賤而言忠布穀一名戴紝一名戴勝蟋蟀促織也春秋考異郵曰孟夏戴勝降立秋促織鳴言雖微物不失信也紝音女林反臣

雖至賤誠願賜清閒極盡所言書奏不省十餘日復上書曰臣伏見太白北方數日復出東方其占當有大兵中國弱四夷彊臣又推步熒惑今當出而潛必有陰謀皆由獄多冤結忠臣被戮德星所㠯久守執法亦爲此也德星歲星也陛下宜承天意理察冤獄爲劉瓆成瑨虧除罪辟追錄李雲杜衆等子孫夫天子事天不孝則日食星鬭比年日食於正朔延熹八年正月辛巳朔日食九年正月辛卯朔日食三光不明五緯錯戾前者宮崇所獻神書專㠯奉天地順五行爲本亦有興國廣嗣之術其文易曉參同經典而順帝不行故國胤不興太平經典帝王篇曰眞人問神人曰吾欲使帝王立致太平豈可聞邪神人言但順天地之道不失銖分則立致太平元氣有三名爲太陽太陰中和形體有三名爲天地人天有三名爲日月星北極爲中也地有三名爲山川與平土人有三名爲父母子政有三名爲君臣人此三者常相得腹心不失銖分使其同一憂合成一家立致太平延年不疑也又問曰今何故其生子少也天師曰善哉子之言也但施不得其意耳如令施其人欲生也開其玉戶施種於中比若春種於地也十十相應和而生其施不以其時比若十月種物於地也十十盡死固無生者眞人欲重知其審今無子之女雖日百施其中猶無所生也不得其所生之處比若此矣是故古者聖賢不妄施於不生之地也名爲亡種竭氣而無所生成今太平氣到或有不生子者反斷絶天地之統使國少人理國之道多人則國富少人則國貧今天上皇之

氣已到天皇氣生物乃當萬倍其初天地孝沖孝質頻世短祚臣又聞之得主所好自非正道神爲生虐故周衰諸侯以力征相尚於是夏育申休宋萬彭生任鄙之徒生於其時並多力之人也夏育衞人力舉千鈞宋萬宋人殺湣公遇大夫仇牧於門批而殺之齒著門闔彭生齊人拉魯桓公幹而殺之范睢曰以任鄙之力焉而死申休未詳何世也殷紂好色妲己是出妲己蘇人之美女也獻於紂紂納以爲妻常與沈湎於酒事見列女傳葉公好龍眞龍游廷子張見魯哀公七日哀公不禮子張曰君之好士有似葉公子高之好龍也葉公子高好畫龍天龍聞之降之窺頭於牖葉公子高見之棄而反走五色無主是葉公子高好夫似龍而非好眞龍也事見新序今黃門常侍天刑之人陛下愛待兼倍常寵係嗣未兆豈不爲此天官宦者星不在紫宮而在天市明當給使主市里也山陽公載記曰市垣二十二星而帝座居其中宦者四星唯供市買之事也今迺反處常伯之位實非天意常伯侍中也尚書曰常伯常任又聞宮中立黃老浮屠之祠浮屠卽佛陀但聲轉耳並謂佛也解見楚王英傳也此道淸虛貴尚無爲好生惡殺省慾去奢今陛下嗜慾不去殺罰過理既乖其道豈獲其祚哉或言老子入夷狄爲浮屠或聞言當時言也老子西入夷狄始爲浮屠之化浮屠不三宿桑下不欲久生恩愛精之至也言浮屠之人寄桑下者不經三宿便卽移去示無愛戀之心也

天神遺以好女，浮屠曰此但革囊盛血，遂不眄之。四十二章經：天神獻玉女於其佛，佛曰：此是革囊盛衆穢耳。其守一如此，迺能成道。今陛下婬女豔婦，極天下之麗，甘肥飲美，單天下之味，奈何欲如黄老乎？書上，卽召詔尚書問狀。楷曰：臣聞古者本無宦臣，武帝末，春秋高，數游後宫，始置之耳。元帝時，任宦者石顯爲中書令，前將軍蕭望之等曰：尚書百官之本，宜以公正處之。武帝游宴後廷，故用宦者，非古制也。宜罷中書宦官，應古不近刑人之法。後稍見任，至於順帝，遂益繁熾。今陛下爵之，十倍於前。至今無繼嗣者，豈獨好之而使之然乎？尚書上其對，詔下有司處正。尚書承旨奏曰：宦者之官，非近世所置。漢初張澤爲大謁者，佐絳侯誅諸呂；張澤，閹人也。絳侯周勃誅諸呂，乃迎立代王入宫，顧麾左右執戟皆罷兵，有數人不肯去，宦者令張澤喻告之，乃去。此其佐誅諸呂之功，見前書。孝文使趙談參乘，而子孫昌盛。文帝使宦者趙談參乘，袁盎伏車前曰：陛下獨奈何與刀鋸餘人載？於是上笑，推下趙談，談泣而下車。文帝生景帝，其後昌盛也。楷不正辭理，指陳要務，而析言破律，違背經蓺，假借星宿，僞託神靈，謂上于吉神書也。造合私意，誣上罔事。請下司隸，正楷罪法，收送洛陽獄。帝以楷言雖激切，然皆天文恆象之數故不誅猶司寇論刑前書曰司寇二歲刑初順帝時琅邪宮崇詣闕上其師于吉於曲陽泉水上所得神書百七十卷皆縹白素朱介青首朱目號太平清領書今潤州有曲陽山有神溪水定州有曲陽山有神溪水海州有曲陽城北有羽潭水壽州有曲陽城又有北溪水而于吉宮崇並琅邪人蓋東海曲陽是也縹青白也素縑也以朱爲介道首幖也目題目也太平經曰吾書中善者悉使青下而丹目合乎吾之道迺丹青之信也青者生仁而有心赤者太陽天上之正色也江表傳時有道士琅邪于吉先寓居東方來吳會立精舍燒香讀道書制作符水以療病吳會人多事之孫策嘗於郡城樓上請會賓客吉乃盛服趨度門下諸將賓客三分之二下樓拜之掌客者禁訶不能止策即令收之諸事之者悉使婦女入見策母請之母謂策曰于先生亦助軍作福醫護將士不可殺之策曰昔南陽張津爲交州刺史舍前聖典訓廢漢家法律常著絳袙頭鼓琴焚香讀邪俗道書云以助化卒爲蠻夷所殺此甚無益諸君但未悟耳今此子已在鬼錄勿復費紙筆也即催斬之縣首于市其言以陰陽五行爲家而多巫覡雜語太平經曰天失陰陽則亂其道地失陰陽則亂其財人失陰陽則絕其後君臣失陰陽則其道不理四時失陰陽則爲災今天垂象爲人法故當承順之也又曰天上有常神聖要語時下授人以言用使神吏應氣而往來也人眾得之謂神咒也咒百中百十中十其咒有可使神爲除災疾用之所向無不愈也有司奏崇所上妖妄不經迺收臧之後張角頗有其書焉及靈帝即位以楷書爲然太傅陳蕃舉方正不就鄉里宗之每太守至輒致禮請中平中與荀爽鄭玄俱以博士徵不至卒于家

論曰古人有云善言天者必有驗於人前書武帝策茂才之詞也而張衡亦云天文厤數陰陽占候今所宜急也郎顗襄楷能仰瞻俯察參諸人事禍福吉凶既應引之教義亦明此蓋道術所以有補於時後人所當取鑒者也然而其敝好巫故君子不以專心焉好巫謂好鬼神之事也范甯穀梁傳曰左氏豔而富其敝也巫也

贊曰仲桓術深蒲車屢尋頻徵不至蘇竟飛書清我舊陰陰縣屬南陽與光武同郡故云我舊也襄郎災戒寔由政淫

郎顗襄楷列傳第二十下

金陵書局仿汲古閣本刊

後漢書三十下

傳古樓景印